AF511256

ANNE OTTO

DIE KRAFT DER UNSICHERHEIT

ANNE OTTO

DIE KRAFT DER UNSICHER-HEIT

Wie wir die Angst vor Bewertung überwinden und uns selbst annehmen

BELTZ

Das Werk einschließlich aller seiner Teile ist urheberrechtlich geschützt. Jede Verwertung ist ohne Zustimmung des Verlags unzulässig. Das gilt insbesondere für Vervielfältigungen, Übersetzungen, Mikroverfilmungen und die Einspeicherung und Verarbeitung in elektronische Systeme. Die Verlagsgruppe Beltz behält sich die Nutzung ihrer Inhalte für Text und Data Mining im Sinne von § 44b UrhG ausdrücklich vor.

Die im Buch veröffentlichten Hinweise wurden mit größter Sorgfalt und nach bestem Gewissen von der Autorin erarbeitet und geprüft. Eine Garantie kann jedoch weder vom Verlag noch von der Verfasserin übernommen werden. Trotz sorgfältiger inhaltlicher Kontrolle können wir auch für den Inhalt externer Links keine Haftung übernehmen. Für den Inhalt der verlinkten Seiten sind ausschließlich deren Betreiber verantwortlich. Die Haftung der Autorin bzw. des Verlages und seiner Beauftragten für Personen-, Sach- oder Vermögensschäden ist ausgeschlossen.

MIX
Papier | Fördert gute Waldnutzung
FSC® C089473
FSC www.fsc.org

Dieses Buch ist erhältlich als:
ISBN 978-3-407-86809-1 Print
ISBN 978-3-407-86810-7 E-Book (EPUB)

1. Auflage 2024

© 2024
Verlagsgruppe Beltz
Werderstraße 10, 69469 Weinheim
Alle Rechte vorbehalten
© 2024 Anne Otto
Lektorat: Bettina Brinkmann
Umschlaggestaltung: FAVORITBUERO, München

Herstellung und Layout: Sarah Veith
Satz: Publikations Atelier, Weiterstadt
Druck und Bindung: Beltz Grafische Betriebe, Bad Langensalza
Beltz Grafische Betriebe ist ein Unternehmen mit finanziellem Klimabeitrag (ID 15985-2104-100).
Printed in Germany

Weitere Informationen zu unseren Autor:innen und Titeln finden Sie unter: www.beltz.de

INHALT

EINLEITUNG

ZEIGEN, WAS IST

»Bist du ein unsicherer Mensch?« Diese Frage kam vor einiger Zeit bei einem Geburtstagsessen auf. Wir saßen mit etwa acht Leuten um einen Tisch, die Pasta-Teller hatten wir gerade abgeräumt, bei neuen Getränken und Espresso herrschte Plauderstimmung: Unsicher sei er schon seit seiner Jugend, erzählte ein Jurist Mitte vierzig. Er hätte auf Partys oder auch später in Bars nie jemanden ansprechen können und sei heilfroh, dass es heute Dating-Apps gebe. Eine Freundin von mir ergänzte, sie sei zwar beim Ausgehen nicht scheu, hasse dafür Small Talk im Job. Bei Empfängen oder Konferenzen würde ihr schnell der Schweiß ausbrechen, sie habe deshalb immer ein Oberteil zum Wechseln in der Handtasche, klein gefaltet in einer speziellen Technik, man könnte sie Angst-Origami nennen. Plötzlich war es, als wäre ein Understatement-Wettbewerb ausgerufen worden. Alle versuchten, sich gegenseitig in Peinlichkeiten zu überbieten, erzählten Geschichten vom Stottern, Hüsteln, Stolpern, Rotwerden. Es wurde viel gelacht, komplizenhaft und erleichtert. Eine Frau sprach dann noch ernst über die lähmende Angst, etwas Falsches zu sagen, die sie einhole, wenn sie neue Leute kennenlerne. Und immer wieder sagte jemand: »Ich hätte nie gedacht, dass ausgerechnet du unsicher bist« oder: »Jetzt übertreibst du aber – du bist doch nun wirklich eine Rampensau.« Wir hätten den anderen keine

Hemmungen oder Ängste angemerkt. Doch am Ende des Abends stand fest: Wir sind eine Bande von sozial Unsicheren. Kein Einziger von uns hielt sich für souverän, gelassen oder cool im Kontakt mit anderen.

Was war passiert? Konnte es sein, dass mein Bekanntenkreis eine Ausnahme ist, eine Bubble von unsicheren Zweiflern, die an so einem Abend einen Echoraum der Betretenheit bilden, während draußen in der Welt jede Menge selbstsicherer, unerschrockener und sozial versierter Leute herumlaufen, die wir aber alle nicht kennen? Oder haben die allermeisten Menschen zumindest gelegentlich mit Hemmungen und sozialer Unsicherheit zu tun und sprechen nur nicht darüber? Eine abschließende Antwort darauf gibt es nicht. Doch nach den Monaten, in denen ich für dieses Buch Fakten, Zahlen und Ansichten recherchiert und zahlreiche Interviews geführt habe, wage ich die Einschätzung, dass soziale Unsicherheit weitverbreitet ist. Bei manchen Menschen nur in speziellen Job-, Flirt- oder Party-Situationen, die sie zum Teil auch geschickt vermeiden. Bei anderen sind es diffuse Befürchtungen, in Teams, Gruppen oder an der Supermarktkasse irgendwie blöd dazustehen, falsch und ungenügend zu sein. Man kann also durchaus sagen: Wir sind soziale Wesen. Deshalb haben wir auch immer wieder soziale Ängste. Eine Störung ist das erst mal nicht. Im Gegenteil. Eine abwartende, verschämte, tastende, stille Haltung zur Welt gehört nicht nur zum normalen Repertoire menschlicher Temperamente, es gibt sogar so etwas wie eine Kraft der Unsicherheit – sie kann in vielen Situationen auch sinnvoll und vorteilhaft sein. Sozial ängstliche Menschen bringen auch immer besondere Stärken mit, sind beispielsweise häufig besonders einfühlsam und sensibel im Umgang mit anderen.

Doch beliebt sind soziale Unsicherheiten verständlicherweise erst einmal nicht. Es ist schließlich kein angenehmes Gefühl, sich vor anderen gehemmt zu fühlen, darüber nachzudenken, was all die Leute wohl von einem denken oder welchen Satz man als Nächstes sagen könnte. Oft schlagen sich solche Zitterpartien auch körperlich nieder und sind mit »Blood, Sweat and Tears« verbunden. Und wer im Kontakt mit anderen Menschen regelrecht Panik bekommt – obwohl rational eigentlich klar ist, dass kein Grund dazu besteht –, fühlt sich ausgeliefert, bedroht und ohnmächtig. Wenn wir uns beim Betriebsausflug oder Klassentreffen so fühlen, als würden wir gerade auf einem Hochseil zwischen zwei Berggipfeln balancieren und könnten jeden Moment fallen, halten wir die Idee, die Unsicherheit als etwas Normales anzusehen oder ihr sogar noch etwas Gutes abzugewinnen, für einen blanken Hohn.

Und auch wenn alle Menschen sich gelegentlich mal unsicher fühlen, gibt es in den Angststärken und beim empfundenen Leid selbstredend Unterschiede: Mindestens zwei Prozent der Menschen fühlen sich durch soziale Unsicherheit und Angst vor der Bewertung anderer sehr eingeschränkt,[1] vermeiden zahlreiche soziale Situationen häufig so konsequent, dass sie sich privat oder beruflich oft selbst im Weg stehen, nicht auf ihre Wünsche und Träume zugehen können. Manche ziehen sich auch komplett zurück, igeln sich ein und verlassen kaum noch das Haus. Eine so starke Belastung wird als »Soziale Phobie« bezeichnet, eine klinisch relevante Angst vor anderen, die im Diagnosemanual klinischer Psychologen beschrieben ist als »deutliche Furcht, im Zentrum der Aufmerksamkeit zu stehen oder sich peinlich oder erniedrigend zu verhalten« und die manchmal auch primär aus der oben beschriebenen Vermeidung besteht.[2] Hier ist häufig eine psychotherapeutische Behandlung hilfreich und angeraten.

Darüber hinaus gibt es laut Studien sehr viele Menschen, die sich selbst als schüchtern oder gelegentlich sozial unsicher beschreiben, die in einigen Situationen sehr leiden, sich in anderen Momenten aber auch angstfrei bewegen. Diese Art leichte, man könnte auch sagen subklinische soziale Unsicherheit ist je nach Kulturkreis unterschiedlich weit verbreitet und liegt in Deutschland und den USA bei etwa 40 Prozent der Bevölkerung, in einigen Ländern des afrikanischen Kontinents liegt sie etwas niedriger, im asiatischen Raum etwas höher.[3] Auch bei diesen Menschen ist die Unsicherheit ein Lebensbegleiter – man navigiert trotzdem halbwegs eigenständig durch die Welt des Arbeitens, Lebens und Liebens. Mehrere aus der Geburtstagsgesellschaft würden sich in dieser Beschreibung wiederfinden, sich als betreten oder wenig selbstbewusst im Umgang mit anderen beschreiben. Wie normal es ist, gelegentlich soziale Ängste zu haben, wird besonders deutlich, wenn man den Schwierigkeitsgrad steigert und sich eher herausfordernde soziale Situationen ansieht: Wie wäre es zum Beispiel, bei einer Familienfeier eine Rede zu halten oder vor einer Gruppe von Kolleg:innen eine Präsentation vorzutragen? Zum Reden vor Gruppen gibt es unterschiedliche Untersuchungen. Je nach Studie geben bis zu 75 Prozent der Menschen an, davor Angst zu haben:[4] so viele Augen, so viele Fehlerquellen, so viele Fettnäpfchen. Sie selbst bekommen bei der bloßen Vorstellung ein mulmiges Gefühl? Eben, genau darum geht es. Eine gewisse soziale Angst ist für jeden Menschen spürbar. Nur das Ausmaß ist unterschiedlich. Und die Schwelle, ab wann man eine Situation als Herausforderung ansieht. Ob Sie sich mit den eigenen Hemmungen und sozialen Unsicherheiten weiter beschäftigen wollen, hat also bis zu einer bestimmten Ausprägung vor allem mit dem eigenen Bauchgefühl zu tun. Es wird Ihnen sagen, ob soziale Ängste für Sie gerade ein Thema sind oder nicht. Und ob Ihnen die Komfortzone, in der Sie sich mit anderen sicher fühlen, im Augenblick groß genug ist oder ob die Unsicherheit Ihr Leben immer mehr schrumpfen lässt.

Der Schluss aus den Statistiken ist jedenfalls nicht, die Hälfte der Menschheit als ängstliche, unsichere Problemfälle abzustempeln. Auch hier kann man es genau umgekehrt betrachten: Der Blick auf die Zahlen zeigt, dass ein bestimmtes Maß an sozialer Angst für viele Menschen zum Leben gehört. Und zwar, obwohl man weiß, dass es rational nicht nötig wäre, sich irgendwie zu ängstigen oder zu kontrollieren. Das bedeutet aber auch: Obwohl uns Betretenheit, Zweifel, Schamgefühle und Unsicherheiten gelegentlich hemmen und quälen, macht es keinen Sinn, diese Emotionen zu verteufeln, abzuwerten oder um jeden Preis loswerden zu wollen. Psychologen verschiedener therapeutischer Schulen sind sich heute einig, dass es im Umgang mit Gehemmtheit und sozialer Unsicherheit ein erster wichtiger Schritt ist, das Gefühl von Angst nicht mehr zu bekämpfen – sondern wahrzunehmen, einordnen zu können und zu akzeptieren. Der Psychotherapeut Matthias Wengenroth, Vertreter der Akzeptanz- und Commitment-Therapie und Autor mehrerer Fachbücher zum Thema, schlägt beispielsweise sowohl bei alltäglichen als auch bei klinischen Ängsten vor, eine neue Grundhaltung auszuprobieren: »Es hilft, sich klarzumachen, dass es nicht peinlich, gefährlich, unerträglich oder schlimm ist, Angst zu haben – es ist schlicht menschlich.«[5] Unsicherheit und soziale Angst als etwas zu sehen, was unser Leben immer mal wieder begleitet, kann der Beginn einer akzeptierenden Haltung sein. Wenn wir das bewusster spüren, kann es leichter werden, ungünstige Muster loszulassen. Wie wäre es, wenn Sie sich vorstellen, dass Ihre Unsicherheit einfach mit dabei ist und Sie trotzdem alles machen können, was Ihnen wichtig ist? Marktschreierische Versprechen wie »Besiege deine Angst«, »Nie mehr unsicher!« oder »So überwand ich meine Schüchternheit« sind dann nicht mehr nötig – wir erkennen an, dass soziale Unsicherheit im Alltag immer mal wieder auftaucht. Und manchmal auch viel Raum einnimmt. Na und?

Falls das jetzt ein bisschen zu abstrakt klingt und Sie damit in der Luft hängen: Um die komplexen Mechanismen im Umgang mit starken Gefühlen greifbarer zu machen, helfen oft bildliche Vorstellungen, die heute vielfach genutzt werden und die meistens ebenfalls aus der Akzeptanz- und Commitment-Therapie stammen. Eines der eindrücklichsten Bilder ist es, sich die eigene Unsicherheit, Scham oder Bewertungsangst als eine Art Monster vorzustellen. Das Monster steht vor einem, versperrt einem den Weg, sieht fürchterlich bedrohlich aus oder nervt einfach nur. Solange man gegen diese Gestalt auf dem Weg ankämpft, hat man nicht die Hände frei, hat keine freie Sicht, kann nicht am Leben teilnehmen, so sehr ist man vom Gefühl der Unsicherheit absorbiert, ist man damit beschäftigt, es loszuwerden. Wenn man aufhört zu kämpfen, stattdessen die Angst oder Unsicherheit, die vom Monster verkörpert wird, neben sich stellt und Arm in Arm mit diesem Monster durchs Leben geht, wird es leichter. Nach und nach, Schritt für Schritt, wird es selbstverständlicher, dass man den Weg gemeinsam geht.

Die Übung »Arm-in-Arm-mit-dem-Monster«, die vom Psychologieprofessor Steven C. Hayes stammt, ist eine von vielen, die es zur Psychoedukation im Umgang mit unliebsamen Gefühlen gibt. Ich habe von dieser Metapher zunächst in Interviews gehört, die ich mit Psychotherapeut:innen geführt habe, habe sie in Fachbüchern wiedergefunden, sie gelegentlich in eigenen Texten aufgegriffen, habe das Bild in Coaching und Beratung angeboten und immer wieder gespürt, wie mächtig und stärkend es ist, wie begeistert

Klient:innen sowie Leser:innen auf die Idee reagieren, mit einer bestimmten Art von Angst oder Unsicherheit bewusster und letztlich gelassener durchs Leben zu gehen.[6] Es kommt oft einem Aha-Erlebnis gleich, verbunden mit Erleichterung. Viele berichten, dass sie sich sicherer im Umgang mit sich selbst fühlen würden. Und mit ihrer Aufmerksamkeit mehr bei sich als bei den anderen. Ich finde, das ist eine gute Aussicht für die persönliche Entwicklung.

Nun sind Sie dran: Stellen Sie sich vor, Sie gehen ab jetzt Arm in Arm mit der Unsicherheit, der sozialen Angst, der Gehemmtheit durchs Leben. Sie hören auf zu kämpfen. Was würde sich ändern? Wenn Sie wollen, könnten Sie dazu, als eine erste kleine Übung, ein paar Sätze aufschreiben und sich mit der Vorstellung noch etwas mehr vertraut machen.

In den Kapiteln zwei bis sieben zeige ich, wie es Menschen mit ganz unterschiedlichen sozialen Ängsten, Selbstwertproblemen, Ausgrenzungserfahrungen, Schüchternheit oder ausgeprägten Schamgefühlen gelingt, die Unsicherheiten so in ihr Leben zu integrieren, dass sie oft gleichzeitig gehemmt und mutig, aufgeregt und cool, zweifelnd und sicher sind. Denn auch wenn wir es nicht glauben, wenn wir am Montagmorgen im Team die Tagesordnung vorstellen und dabei schwitzen und straucheln – wir sind viel mehr als unsere Unsicherheit. Da sind eine Menge Kompetenzen und andere Gefühle, die uns ebenfalls ausmachen. Gleichzeitig mutig und ängstlich zu sein, gleichzeitig sichtbar zu sein und scheu, das widerspricht sich überhaupt nicht. Man denke nur an eine Superhelden-Figur wie Peter Parker alias Spiderman, der anfangs als schüchtern und zurückhaltend beschrieben wird und in einem anderen Kostüm ein paar Szenen später Stärke demonstriert, an Wänden hochklettert und noch eben kurz die Welt rettet. Ohne seine

Unsicherheit, das ist klar, würde der ganzen Geschichte etwas Entscheidendes fehlen. Nicht umsonst ist Spiderman laut einer Statistik der beliebteste aller Superhelden.[7]

Und apropos Heldenstorys: Es ist mir wichtig, im Text auch herauszustellen, welche besonderen Stärken und Superkräfte Menschen haben, die von sich selbst sagen, dass sie schüchtern, scheu, gehemmt und verschämt sind. Welche Entwicklungen sie machen können, wenn sie sich selbst in ihren Eigenarten ernst nehmen. Und wie sie sich trotz einer eher unsicheren oder zweifelnden Art wohlfühlen können. Damit das auch praktisch und in den Niederungen des Alltags gelingt, habe ich für Sie am Ende des Buchs ein Coaching in zehn Schritten für einen kompetenten Umgang mit der eigenen Unsicherheit konzipiert, zahlreiche praktische Übungen zusammengestellt. Es ist eine Art Trainings-Parcours, mit dessen Hilfe Sie nach und nach lernen, stimmig mit der eigenen Angst vor Bewertung umzugehen, und der Ihnen einige Möglichkeiten zeigt, mit der Frage »Was denken andere von mir?« souveräner umzugehen als bisher. Sie bekommen Anregungen zu Selbstreflexion und Innenschau, die es Ihnen ermöglichen, eine andere Haltung zur Unsicherheit einzunehmen. Genauso wichtig sind die Übungen, die Sie darin unterstützen, aktiv zu werden und trotz Unsicherheit überall dort hinzugehen, wo es für Sie wichtig ist. Hier gibt es auch erste Anregungen dazu, wie Sie in sozialen Situationen mit aufkommender Panik kompetent umgehen können. Außerdem bekommen Sie zum Ende eines jeden Kapitels jeweils einen kurzen Impuls, eine Einladung zu einem kleinen alltäglichen Experiment, mit dem Sie ins Handeln kommen und »einfach machen«. Ich ermutige Sie ausdrücklich, möglichst viele der Coachingschritte und praktischen Übungen auszuprobieren. Und wenn Sie ungeduldig sind, spricht nichts dagegen, gleich in den Übungsteil im letzten Drittel des Buchs zu springen. Sie finden dort für unterschiedliche Ausprägungen von Unsicherheit neue Impulse und Hilfen. Ganz gleich, ob Sie eher schüchtern und gehemmt, vermeidend und ängstlich, introvertiert oder sensibel sind, einige der Anregungen werden für Sie sicher passen. Und wenn Sie im Moment noch nicht genau wissen, wie Sie sich selbst beschreiben würden, ist das auch kein Problem: Im Verlauf des Buchs werden Sie ein Gefühl dafür bekommen, in welchen Kapiteln Sie sich wiederfinden und was für Sie weniger relevant ist.

Wie hilfreich es ist, einfach loszulegen und sich ein paar neue Einsichten und Erfahrungen zu gönnen, werden Sie sicher noch merken. Und wie schön es ist, das Gefühl zuzulassen, auch mit Unsicherheit und Zurückhaltung im Gepäck nicht falsch, sondern gut genug zu sein. Falls Ihnen das im Moment noch unwahrscheinlich schwer vorkommt: keine Sorge. Jeder Schritt wird genau angeleitet – und Sie können sich auch durch die Geschichten aus dem Leben der anderen, die im Laufe des Buchs vorgestellt werden, Rückhalt und Inspiration holen.

Sie sind nicht allein auf der Welt mit Ihrer Unsicherheit. Wir sind viele. Und da ist noch etwas: Es ist nicht von der Hand zu weisen, dass soziale Unsicherheiten und Ängste auch durch gesellschaftliche Faktoren verstärkt werden. Diese Gefühle sind nicht ausschließlich unsere Privatangelegenheit, sie sind kollektiv immer häufiger ein Thema – und nehmen zu. Viele Menschen erleben die gesellschaftliche Lage als angespannt, fürchten um ihre eigene Stellung im Gefüge, wanken in ihrer sozialen Rolle, verlernen den Umgang mit Menschen aus anderen sozialen Blasen.

Soziale Medien können zum Katalysator von Unbehagen, belastenden Vergleichen und Körperscham werden. Das psychosoziale

Klima fördert vielfach unsere individuellen Unsicherheiten. Im sich hier anschließenden ersten Kapitel schauen wir uns diese gesellschaftlichen Einflüsse einmal genauer an, die eine bestehende Disposition zu sozialer Angst, Schüchternheit und Schamgefühlen verstärken. Das Thema drängt mehr als früher, es zeigt sich in vielen Situationen. Für Menschen mit einer latenten Angst vor Bewertung wird es schwieriger, ohne Störungen oder weitere Verunsicherungen durch den Alltag zu kommen. Es ist also wichtig, Unsicherheit nicht nur als individuelles, sondern auch als ein kollektives Problem wahrzunehmen. Dabei braucht der Blick auf die gesellschaftlichen Verhältnisse nicht zum pessimistischen Abgesang zu werden – Endzeit, Baby –, sondern hilft dabei, sich zu orientieren, zu begreifen, die eigene Position als eher unsicherer Mensch in einer kapitalisierten, schnellen, bewertenden Welt bewusst zu erkennen und zu stärken.

Als Wissenschaftsjournalistin und Psychologin verfolge ich in meinen Texten und Beratungen seit Langem einen ressourcenorientierten Blick. Es liegt mir am Herzen, Menschen dazu zu ermutigen, ihre Emotionen wahrnehmen, annehmen und regulieren zu können, genügend Wissen über Mechanismen bei der Entstehung und Bewältigung von Angst zu haben und sich als mündige Menschen oft auch selbst helfen zu können. Und auch wenn es mir suspekt ist, jede Krise gleich als eine Chance zu sehen, so glaube ich doch, dass es gerade die Besonderheiten in unserem Temperament und in unserer Lebensgeschichte sind, die uns auf eine gute Art den Weg weisen und uns zu dem machen, was wir sind. Denn darum geht es: Zu sich selbst zu stehen und sich, trotz Unsicherheiten, stimmig zu entwickeln.

In meiner persönlichen Geschichte ist es mir zum Teil so ergangen. In der Runde bei der Geburtstagsgesellschaft war ich diejenige, die sich wahrscheinlich am meisten mit sozialer Unsicherheit auseinandergesetzt hat. Nicht allein aus fachlich-psychologischem Interesse – mir blieb nichts anderes übrig. Obwohl ich ein neugieriger Mensch bin, laut sein kann und in vertrauten Kreisen gern im Mittelpunkt stehe, fühle ich mich in Gegenwart anderer Menschen schnell verunsichert und falsch. Die alarmierende Frage »Habe ich mich jetzt blamiert?« war im jungen Erwachsenenalter mein Mantra. Bis heute gibt es zahlreiche Gelegenheiten, bei denen sich diese Frage wieder in den Vordergrund schiebt, etwa, wenn ich die Reaktion einer anderen Person nicht verstehe, seltsam oder feindselig finde. Oder wenn ich in unbekannten, schwer einschätzbaren Situationen bin. Was für mich erschwerend hinzukommt: Man sieht mir meine Unsicherheit an. Zwischen fünfzehn und fünfunddreißig bin ich immer rot geworden, wenn mir etwas unangenehm war. Ich habe mit den Jahren gelernt, darüber zu scherzen, wie es Männer tun, die früh eine Glatze bekommen – man weiß, dass es auffällt, aber man versucht, drüberzustehen. Unwohl habe ich mich trotzdem gefühlt. Was mir geholfen hat: Ich habe bewusst entschieden, dass meine Dünnhäutigkeit mich nicht daran hindern soll, die Sachen zu machen, die mir wichtig sind. Ich rede auf Bühnen, spreche jede:n Interviewpartner:in an, die oder der mir interessant erscheint. Ich gehe in Plattenläden, vor denen ich früher Angst hatte, und mache einen Scherz, wenn ich im Supermarkt mein Portemonnaie nicht finde und sich eine lange Schlange hinter mir bildet. All das gelingt mir so gut wie nie in Heldinnenpose, sondern mit Mut zur Lücke, Selbstironie und von mir aus auch mit roten Bäckchen oder beschlagener Brille. Auf die Frage »Bist du ein unsicherer Mensch?« würde ich heute sagen: Sicher. Aber ich denke nicht mehr so viel darüber nach.

Und weil ich meine eigene Unsicherheit gelegentlich thematisiere, mache ich schon lange die Erfahrung, dass sich Türen öffnen, sobald man über Hemmungen spricht oder Betretenheit zeigt. So war es an dem Abend bei der Geburtstagsfeier auch. Wenn man einander die eigenen Unsicherheiten offenbart, kommt man sich näher. Lena Hauser,[8] um die es in Kapitel zwei geht und die jahrelang nicht gut auf Partys gehen konnte, sagt es so: »Wenn ich anderen zeige, dass ich unsicher bin, ist das Eis meistens sofort gebrochen.« Das ist keine Masche. Wenn wir mit allem da sind, was wir haben, mit Stärken und Schwächen, dann ist Begegnung möglich. Wir verbinden uns dann auch darin, dass wir alle gelegentlich unsicher sind. Und das ist auch gut so.

Anne Otto, Hamburg, im Juni 2024

KAPITEL EINS

BEWERTET WIRST DU ÜBERALL

Oder: wie gesellschaftliche Umstände soziale Unsicherheit begünstigen

Die gesellschaftliche Stimmung verstärkt Unsicherheiten und die Angst vor Bewertung: Da sind die ständigen Vergleiche in den sozialen Medien, die den Druck erhöhen, ein politisches Klima, in dem Abwertung und Spaltung zur Normalität gehören, sowie die flexibilisierte Arbeitswelt, in der sich soziale Konstellationen ständig ändern. Und da sind die Folgen der Corona-Pandemie, in der wir den unbeschwerten Kontakt mit anderen zumindest zeitweise verlernt haben. Für Menschen, die sich in sozialen Situationen leicht verunsichern lassen, ist es hilfreich, ein Gefühl dafür zu kriegen, wo die gesellschaftlichen Verstärker von sozialer Angst sitzen, wie man mit ihnen umgehen kann und was sich auf kollektiver Ebene ändern sollte, damit wir uns offener und unbeschwerter begegnen können.

Kein Mensch ist eine Insel. Unsere Emotionen, Stimmungen und Belastungen entstehen nicht im luftleeren Raum, sondern immer auch im Kontakt mit anderen – in Job, Familie, Freizeit oder dem öffentlichen Raum. Auch digitale und analoge Medien und das gesellschaftliche Klima beeinflussen uns. Die Wechselwirkung zwischen der eigenen Verfassung und all dem, was uns umgibt, spielt bei ganz unterschiedlichen psychischen Belastungen und seelischen Leiden eine Rolle. Für Menschen mit sozialen Ängsten, Unsicherheiten und Hemmungen ist das Zusammenspiel zwischen Außenwelt und Innenwelt allerdings besonders relevant. Ihre Schwierigkeiten entstehen nun einmal direkt und vornehmlich in der Begegnung mit anderen, in Gruppen, in Institutionen, beim Friseur, im Asia-Imbiss oder beim Small Talk auf Busfahrten.

DIE ANGST VOR BEWERTUNG

Um den Einfluss gesellschaftlicher Faktoren besser zu verstehen, lohnt es, einmal zurück zu den Wurzeln des Themas zu gehen und sich vor Augen zu halten, dass sozial unsichere Leute – wie vielleicht auch Sie und ich – nicht per se Angst vor anderen Menschen haben. Wir haben keine »Menschenphobie«. Viele von uns sind sehr an ihrer sozialen Umgebung interessiert, nehmen oft Anteil an dem, was andere erzählen. Viele haben auch vertraute, enge Beziehungen. Manche zu vielen, manche zu wenigen ausgesuchten Leuten. Zentral bei Unsicherheit ist eher die Angst vor der Bewertung durch andere, die man nicht einschätzen kann. Es geht sozial unsicheren Menschen im Kern um eine Befürchtung, dass andere sie abwerten könnten, dass sie blamiert oder blöd dastehen könnten, schräg angeschaut oder beurteilt werden. Wenn wir hier von sozialer Angst sprechen, dann geht es also auch um die Befürchtung, im Vergleich mit anderen nicht standzuhalten oder aus einer Gruppe, die schützt und bestätigt, ausgeschlossen zu werden. In Situationen sozialer Angst – wenn man zum Beispiel mit Schweißperlen auf der Stirn im Meeting sitzt und nur noch mit Mühe Blickkontakt mit den anderen halten kann – fürchtet man sich oft nicht vor den anderen Menschen per se, sondern davor, dass andere einen beschämen und ausschließen könnten. Im Verlauf dieses Buchs werden wir uns die körperlichen, mentalen und emotionalen Reaktionen auf andere noch genauer anschauen und die Frage klären, wie Sie einen guten Umgang damit finden können. Für diesen Moment reicht es zu wissen, dass soziale Unsicherheit im Kern eine Angst vor Bewertung ist. Eine Forschungsarbeit von Michaela B. Swee von der Harvard Medical School belegt, dass die zentrale Emotion bei sozialen Ängsten nicht Angst ist, sondern ein komplexes Schamgefühl, falsch zu sein, so wie man ist – und sich dafür ganzkörpermies zu fühlen.[9] Angst und Scham bewusster auseinanderzuhalten – und auch darauf werden wir in anderen Kapiteln eingehen –, kann ein Schlüssel zu einem selbstbewussteren Umgang mit sozialen Situationen sein.

Fokussieren wir uns nun wieder auf die gesellschaftlichen Einflüsse, die uns umgeben, dann wird klar: Die Angst vor Bewertung, die Scham, abgehängt zu sein, und der Stress, mit anderen Menschen mithalten zu wollen, bekommen in der gegenwärtigen Atmosphäre reichlich Futter aus unterschiedlichen Richtungen. Da sind zunächst die omnipräsenten sozialen Medien, in denen wir ohne Unterlass andere bewerten und bewertet werden, andere sehen und gesehen werden. Rankings gibt es überall, Likes und Followerzahlen haben Macht und Aussagekraft, Leistungen im Job werden skaliert, unsere Kunden bewerten uns mit Sternen, das metrische Feedback hat sich auch in privaten Beziehungen etabliert, wo der Sommerurlaub nur eine sechs von zehn kriegt und das letzte Date – ach, reden wir nicht drüber, man hätte schneller urteilen und gleich in die andere Richtung wischen sollen. Auch eine sich ständig verändernde, flexibilisierte Arbeits- und Lebenswelt verunsichert. Viele Menschen arbeiten in ständig wechselnden Teams, in immer neuen Zusammenhängen, mit immer neuen Anforderungen. All das begünstigt unverbindliche Kontakte im Job – und man muss sich immer wieder neu die Frage stellen, wo die vertrauten Leute im Team sein könnten, bei denen man auch mal lockerlassen kann. Auch im Privaten lässt sich diese Tendenz ablesen, viele Menschen leben allein, Beziehungen halten weniger lange. Ein Katalysator für eine allgemeine soziale Verunsicherung stellt nicht zuletzt die gesellschaftspolitische Lage dar, die zunehmende Spaltung der Gesellschaft, die Angst, abgehängt zu sein, das gegenseitige Sich-Belauern, wer zur eigenen Gruppe gehört und wer abgewertet und ausgegrenzt wird. Und wenn auf all das noch Bedrohungsszenarien wie Kriege oder die Corona-Pandemie aufsatteln, steigt der ganz allgemeine Angstpegel weiter an. Ganz zu schweigen von Hektik und Dauerstress, die unsere Bereitschaft für Zweifel, Unsicherheit und Angst ebenfalls stark erhöhen.

Schon diese assoziative Aufzählung zeigt, dass die gesellschaftliche Lage im Augenblick ein idealer Nährboden für soziale Angst und Unsicherheit ist. Kein Wunder, dass das Thema für immer mehr Menschen relevant wird. Statistiken weisen darauf hin, dass in den letzten 20 bis 30 Jahren die klinischen Angstdiagnosen zugenommen haben. Das betrifft alle Ängste – also Panikstörungen, unterschiedliche Phobien und soziale Ängste. So zeigt etwa eine epidemiologische Studie, dass das Risiko, innerhalb eines Jahres an einer Angststörung zu erkranken, in den Jahren 1997–1999 bei 14 Prozent lag, zwischen 2009–2012 schon bei 17 Prozent.[10] Im Jahr 2020 ergaben Zahlen des Robert-Koch-Instituts eine Wahrscheinlichkeit von 20 Prozent.[11] Diese Zahlen hängen natürlich auch mit einer höheren Akzeptanz seelischer Erkrankungen in der Gesellschaft zusammen. Menschen sind sensibler für seelische Leiden geworden, viele Angststörungen, die früher unterm Radar liefen, werden heute entdeckt. Schaut man nicht auf die Statistiken der klinischen Diagnosen, sondern befragt Menschen ganz allgemein nach ihren subjektiv empfundenen Ängsten in Leben und Alltag, liegen die Zahlen noch höher. Die persönlich empfundenen Ängste verändern sich in Krisenlagen, haben zum Beispiel während der Corona-Pandemie Höchststände erreicht, wie die WHO berichtete.[12] Die hohe Zahl an Ängsten und Depressionen in dieser Zeit hatte natürlich auch mit der Isolation, der Unsicherheit der Lage und der realen Bedrohung durch das Virus zu tun. Die Angst-Peaks flachten später wieder ab. Schaut man sich neue Befragungen zur subjektiv eingeschätzten psychischen Gesundheit vom Robert Koch Institut an, berichten allerdings 2023 noch mehr Menschen von Angst und Anspannung als in den Jahren davor.[13] Dieses Erleben teilen Befragte aller Einkommensgruppen, Geschlechter und Altersstufen.

All diese Zahlen beziehen sich, das sei noch einmal betont, auf die Zunahme von Angstgefühlen und Angststörungen generell, schließen die soziale Angst aber mit ein – und diese gehört gemeinsam mit Depression und Alkoholismus zu den am weitesten verbreiteten seelischen Erkrankungen. Es ist also anzunehmen, dass Menschen, die ohnehin zu Unsicherheit neigen, stärker und häufiger leiden als früher. Und dass Menschen, die vorher vielleicht nur selten sozial unsicher waren, mehr beängstigende Situationen erleben als in anderen Jahrzehnten und sich dadurch ebenfalls häufiger verunsichert fühlen als noch vor zehn oder zwanzig Jahren.

Mit diesen Zahlen und Fakten im Hinterkopf kann es sich für alle ohnehin etwas unsicheren Menschen lohnen – und auch für alle, die sich erst seit ein paar Jahren wackelig oder störbar fühlen –, sich ins Bewusstsein zu rufen, wie und wann die sozialen Rahmenbedingungen und die gesellschaftliche Stimmung die eigene Unsicherheit steigern. Lassen Sie sich davon nicht einschüchtern oder in die Defensive treiben. Eher geht es darum, sich klarzumachen, dass es sich bei Gehemmtheit, Angst vor Bewertung und sozialer Unsicherheit nicht nur um individuelle oder klinisch-psychologische Probleme handelt, denen Sie hilflos ausgeliefert sind oder die Sie allein bewältigen müssen. Vielmehr leben wir, um es mal wuchtig auszudrücken, in einem Zeitalter der Bewertung – und das bietet für unsichere Menschen reichlich Anlässe, in sozialen Situationen noch mehr Unbehagen zu spüren als bisher. Wenn wir den Blick für unsere Lebensbedingungen schärfen, dann hilft das nicht nur dabei, die Dringlichkeit des Themas zu verstehen oder einen Eindruck zu bekommen, wie viele andere Menschen um uns herum ebenfalls an Unsicherheiten leiden. Es ermöglicht darüber hinaus auch, bewusster und klarer durch den Bewertungs-Wahnsinn dieser Tage zu navigieren und zu verstehen, welche Konstellationen uns besonders verunsichern, wie wir sie verändern oder anders mit ihnen umgehen können. Denn zu einem konstruktiven Umgang mit jeder Art von Angst gehört es auch zu verstehen, unter welchen Umständen die Gefühle schlimmer werden – und wann und wie sie gut zu bewältigen sind. Auch wenn Sie im Augenblick vor allem daran interessiert sind, Ermutigung und praktische Hilfe für einen Umgang mit Ihrer Unsicherheit zu finden – riskieren Sie einen Blick auf die gesellschaftlichen Faktoren. Er wird Ihnen Orientierung geben und Sie wahrscheinlich auch entlasten. Wir werfen nun gemeinsam ein Schlaglicht auf einzelne Themen.

GEHT DOCH ALLES – ODER REICHT ES ETWA NICHT?

»Wir leben in einer Optimierungsgesellschaft, stehen stark unter Druck. Viele Menschen erwarten von sich, dass ihnen alles gelingt. Wenn sie nicht schön, schlau, erfolgreich und beliebt sind, fühlen sie sich schnell wertlos.« Das sagt der Psychotherapeut Andreas Knuf in einem Interview, das ich mit ihm zum Thema Scham geführt habe.[14] Seit Jahren beschreibt Knuf in seinen Büchern und in Interviews, dass die weitverbreitete Annahme, dass wir heute alles schaffen können, wenn wir es nur wollen, uns mittelfristig keine Stärke verleiht – sondern schwächt. Wir treiben so unsere Ansprüche an uns selbst und unsere Versagensängste in schwindelerregende Höhen. Wenn es für jedes seelische Problem scheinbar eine Soforthilfe gibt, für jeden beruflichen Wunsch einen Weg, für jede schlechte Note eine passende Nachhilfe, für jede Körperform eine Diät, für jedes Ungleichgewicht eine andere Form von Yoga und für jeden, wenn man es nur wirklich, wirklich, wirklich will, das Versprechen, reich und glücklich zu werden, dann entsteht eine massive Anspannung in so gut wie allen Lebenslagen. All das erhält und verstärkt einen strengen Arbeits- und Leistungsethos, der bei vielen Menschen ohnehin ausgeprägt ist. Und es begünstigt auch die Weigerung, anzuerkennen, dass es für manche Probleme keine Lösung gibt; dass manches nicht zu regeln ist; oder dass Emotionen wie Angst, Traurigkeit, Verzweiflung oder Müdigkeit immer auch zum Leben gehören.

In seiner Praxis in Konstanz erlebt der Psychotherapeut auffallend viele Menschen, die jetzt um die 30 Jahre alt oder jünger sind, und die fürchten, Versager und Faulpelze zu sein, sich antreiben, noch besser zu werden und sich in dieser Bewertungsschleife selbst stark herabsetzen. Er sehe aber heute generell viel mehr Menschen, die sich mit Perfektionismus oder Schamgefühlen herumschlagen. Die Idealbilder der digitalen Welt und das Versprechen von Industrie und Gesellschaft, dass man stets alles erneuern und verbessern kann, führen dazu, dass Menschen von sich erwarten, nur Pluspunkte, Sterne und Stärken für sich zu verbuchen. Für viele sei es auch deshalb ein hohes Risiko, die Fassade fallen zu lassen und vor anderen, aber auch vor sich selbst, zu Zweifeln, Missgeschicken, Unsicherheiten zu stehen, diese anzuerkennen oder sie sogar – Free Hugs für die Unsicherheit! – zu umarmen. Andreas Knuf erzählt beispielsweise von einer Patientin, die in der Therapiesitzung sagte: »Wenn ich ein schlechtes Gefühl habe und mich traurig fühle, während es allen anderen gut geht, dann muss wohl mit mir etwas falsch sein.« Natürlich stimmt es nicht, dass es allen anderen gut geht.[15] Und der Anspruch, dass man sich auf keinen Fall traurig, wütend oder unsicher fühlen darf, verstärkt seelische Probleme eher. Man verhakt sich, macht sich Vorwürfe. Diese Haltung sei gesellschaftlich mittlerweile so prägend und von vielen Menschen verinnerlicht, dass Psychotherapien zu einem Ort werden, an dem man in kleinen Schritten wieder lernt, vermeintlich unangenehme Gefühle anzunehmen oder Ambivalenzen und Unsicherheiten auszuhalten. Dass wir uns heute so ausführlich mit Achtsamkeit, Selbstfürsorge oder Akzeptanz beschäftigen, zeigt laut Andreas Knuf, dass genau diese Fähigkeiten in unserem seelischen Repertoire fehlen. Wir wissen nicht besonders gut, wie wir damit umgehen können, dass wir in einer Welt leben, in der wir *nicht* alles schaffen können, *nicht* immer alles unter Kontrolle haben. Und wir haben kaum Erfahrung damit, diese Realität anzunehmen.

Die Tendenz zur Optimierung ist zum einen dem Zeitgeist in Alltag und Medien geschuldet, hat mit zahlreichen Lifestylebotschaften aus Sport, Fitness, Ernährung zu tun, die ja bis zu einem bestimmten Punkt sogar Sinn machen: Wir können etwas dafür tun, uns gesund zu halten. Wir können etwas dafür tun, dass es uns seelisch gut geht. Nur gibt uns all das keine Garantie dafür, dass alles immer gut ist, sein wird oder gelingt. Wir überstrapazieren den Grundsatz »Jeder ist seines Glückes Schmied« gnadenlos. Um zu verstehen, wie tief diese Regel – und das Versprechen auf Belohnung, wenn man viel leistet – in unseren Köpfen und Herzen verankert ist, hilft es, sich klarzumachen, dass diese Geisteshaltung schon seit etwa zwei Jahrhunderten in unterschiedlichen politischen oder ökonomischen Kontexten Leitgedanke ist. Der Soziologe Wilhelm Heitmeyer, der viele Jahre an der Universität Bielefeld tätig war, beschreibt in seinen Büchern und Studien beispielsweise, dass die Haltung, dass jeder für sich selbst zuständig ist, das Markenzeichen einer ökonomisierten Gesellschaft ist. Einer Gesellschaft, in der Solidarität und eine Garantie, im Staat gut eingebunden und versorgt zu sein, nicht für alle Menschen gleichermaßen gilt. Statt »Jeder hat die gleichen Rechte« heißt es dann, dass alle, die nicht mitkommen, sich das selbst zuzuschreiben haben. All das beeinflusst, wie wir mit Schwäche, Scheitern oder Diversität umgehen. Oder mit Armut. Bereits in Studien aus dem Jahre 2007 hat Heitmeyer feststellen können, dass etwa 40 Prozent der Menschen hierzulande der Aussage zustimmten: »Wir nehmen in dieser Gesellschaft zu viel Rücksicht auf Versager.« Ähnliche Befragungen zu späteren Zeitpunkten verfestigten die Ergebnisse noch.[16] Es gibt also eine ungute Verknüpfung zwischen »Wir können alles schaffen« und »Wer nicht alles schafft, ist selber schuld«. Der Anspruch an sich selbst, es unbedingt perfekt zu machen oder lieber keine Schwäche zu zeigen, ist heute keinesfalls nur auf Glaubenssätze aus der eigenen Familie oder persönliche perfektionistische Ansprüche zurückzuführen. Vielmehr spiegeln solche Überzeugungen ein gesellschaftliches Klima wider.

Menschen mit sozialen Unsicherheiten, die sich oft mit der Befürchtung »Ich bin nicht gut genug« oder »Hoffentlich schließen sie mich nicht aus« herumschlagen, kann es helfen, wenn sie wissen, dass die gesellschaftliche Atmosphäre der Optimierung, des Perfektionismus und der Härte ihre unsicheren Gefühle fördern und verstärken. Und sie tun gut daran, das Prinzip einer ökonomisierten Gesellschaft »Wer nichts leistet, ist nichts wert« oder »Alles ist schaffbar« stärker zu hinterfragen und alternative Sichtweisen zu finden – zum Beispiel: »Ich bin immer wertvoll.« Falls Ihnen das im Augenblick noch undenkbar erscheint oder Sie eher nach alltäglichen Handreichungen suchen: Um sich von den eigenen zu hohen Ansprüchen zu befreien, sind Akzeptanz, Selbstfürsorge und ein anderer Umgang mit dem sogenannten »inneren Kritiker« angebracht. Das Thema wird in Kapitel zwei ab Seite 53 aufgegriffen. Dort erzählt eine 32-jährige Stadtplanerin, wie sehr sie ihr Hang zum Optimieren in die soziale Angst getrieben hat, wie sie heute mit den inneren kritischen Stimmen umgeht und wie sie sich mehr innere Sicherheit schafft. Oft spielt dabei auch ein bewusster Medienkonsum eine Rolle. Warum er so wichtig ist, dazu mehr im nächsten Abschnitt.

DAS LEBEN DER ANDEREN AUF INSTA

Digitale Medien im Allgemeinen und soziale Medien im Besonderen sind für Menschen mit sozialen Unsicherheiten eine zwiespältige Sache. Zum einen gibt es Studien, die zeigen, dass Menschen mit sozialen Ängsten und ausgeprägten Rückzugstendenzen durch die digitalen Möglichkeiten auf eine niederschwellige Art am Sozialleben teilnehmen können. Wenn sie selbst aktiv sind, Kommentare auf Instagram oder Facebook posten oder sich in WhatsApp-Gruppen vernetzen, fühlen sie sich zum Teil nachweislich wohler und von anderen verstanden. Einige sozial unsichere Menschen zeigen sich mit ihren Ängsten auch offen in den Medien und bekommen dort Support. Dieser offene und aktive mediale Umgang mit der eigenen Angst kann entlastend sein. Die Entstigmatisierung, der Kontakt mit anderen und die selbstbestimmte Kommunikation stärken Betroffene.[17] Hierzulande gibt es zum Beispiel die Influencerin @mutsammlerin, die zu ihrer sozialen Angst und ihrem alltäglichen Leben auf Instagram regelmäßig Posts und Fotos teilt. Sehr aktiv ist auch der TikToker @janmkl mit mehreren Hunderttausend Followern. Er erstellt unterhaltsame Reels zu seiner sozialen Phobie, die zum Beispiel auf dem Beifahrersitz seines Autos mitfährt und ihn daran hindert, sich im Fast-Food-Restaurant einen Burger zu bestellen. Doch diese Art der offenen Auseinandersetzung ist nicht für alle eine Lösung. Nicht immer bietet das Netz Trost und Support. Andere Studien, auch zu Dating-Apps, die von schüchternen und sozial ängstlichen Menschen genutzt werden, legen darüber hinaus den Schluss nah, dass es für sozial unsichere Menschen zwar leichter ist, beim Dating im Netz mitzumachen, als sich in einen Klub zu stellen. Das heißt aber nicht unbedingt, dass es so auch einfacher ist, wirklich eine:n Partner:in kennenzulernen, mit dem oder der eine Beziehung entsteht.[18] Ob für sozial ängstliche Menschen die Kontakt- und Dating-Möglichkeiten im Netz tatsächlich eine Chance sind, mit anderen in erfüllenden Kontakt zu kommen, ist von vielen Faktoren abhängig. Die Plattform allein stellt noch keine Verbundenheit her. Man nimmt sich überall mit hin. Auch ins Netz.

Was allerdings eindeutig ist: Das Grundrauschen und die Art der Selbstdarstellung in den sozialen Medien ist für sozial ängstliche Menschen belastend. Die unzähligen Infos, Storys, Feeds und Posts, die uns am Tag erreichen, sind so gestrickt, dass sie fast immer soziale Vergleiche anstoßen, Fragen auslösen wie »Bin ich besser oder schlechter?«, »Sollte ich das, was diese Person macht, auch machen?« oder »Bin ich außen vor?«. Die Bilder oder Ansichten der anderen feuern Minderwertigkeitsgefühle und Optimierungsimpulse an, können Neid auslösen oder das Gefühl, etwas zu verpassen (oft abgekürzt mit FOMO, ein Wort, von dem mittlerweile jeder weiß, dass es sich hier nicht um eine neuartige Knetmasse handelt, sondern um die »Fear of missing out«, die geradezu eine Art Lebensgefühl digitaler Generationen geworden ist). Die 360-Grad-Sicht auf die Welt und die Echtzeit-Begleitung anderer Menschen rufen latente Unsicherheiten und viele andere Emotionen hervor. So belegt die Studie eines Forscherteams um den Gesundheitswissenschaftler Brian A. Primak von der Oregon State University, dass soziale Ängste zunehmen, wenn Menschen viele unterschiedliche interaktive Medienplattformen nutzen.[19] Weshalb allein die Masse an Infos von anderen schon die Unsicherheit verstärkt, ist leicht nachvollziehbar, wenn man sich vor Augen hält, was man beim ersten morgentlichen Blick durch verschiedene Plattformen bereits alles mitbekommt: Da mischen sich Spendenaufrufe und Nachrichten von Kriegsschauplätzen mit den Insta-Bildern von Freunden, die gerade auf Teneriffa ausspannen oder eine Party gefeiert haben, unten blinkt eine Bauchfettweg-Werbung. Der eigene Beitrag auf LinkedIn hatte nur 20 Aufrufe, dafür hat eine Firmenkollegin gepostet, dass sie einen neuen Job in einer Führungsetage hat. Und in einer WhatsApp-Gruppe der Nachbarn posten alle Terminvorschläge für das nächste Hausfest und schicken Bilder von ihren Kindern oder von Aktivitäten am Wochenende mit; für manches hagelt es Smileys, Lachtränen-Emojis und Herzen, bei anderen ist die Resonanz dünn. Und die beste Freundin lässt eine Nachricht auf dem Status »gelesen« hängen. Bevor der Tag richtig losgeht, ist man schon mit drei, fünf, zehn oder zwanzig Vergleichen und Bewertungen beschäftigt gewesen. Auch Menschen, die sozial ein dickes Fell haben, werden von diesem Überhang an Sozialinfos zu Vergleichen verleitet, die dem Selbstwertgefühl nicht guttun. Für unsichere Menschen sind die permanenten Selbstbewertungen allerdings besonders stressig. Viele Gesprächspartner:innen haben mir erzählt, dass sie sich selbst eine strikte Begrenzung von digitalen Infos und sozialen Medien verordnet haben. Sie gehen – solange es der Job zulässt – nur zu bestimmten Zeiten online. Andere melden sich ganz ab oder machen nur das Nötigste. Ein bewusster oder begrenzter Umgang mit Social Media hilft im Wesentlichen dabei, nicht stündlich in neue Vergleichsprozesse hineingezogen zu werden. Die Gesprächspartner:innen erzählen durchweg, dass es ihnen so gelingt, mehr bei sich zu bleiben, zu spüren, was für sie selbst ansteht. Diese Selbstsorge stärkt das Selbstbewusstsein.

Die starken Emotionen und Verunsicherungen, die durch soziale Medien ausgelöst werden, haben auch mit der Frage zu tun, wie wir selbst mit den Plattformen umgehen wollen: Was soll ich posten? Wie will ich gesehen werden? Wie soll ich mich darstellen? Alles Fragen, die für Menschen, die ohnehin ein bisschen Angst vor Bewertung haben, schwer zu beantworten sind, zumindest oft nicht auf eine spontane oder unbeschwerte Weise. Die häufig oberflächlichen und ausschnitthaften Darstellungen des Lebens der anderen verleiten dazu, sich auch selbst keine Blöße zu geben. Der Psychotherapeut Andreas Knuf hat in seiner Praxis mehrfach erlebt, dass Menschen, die mit sozialer Unsicherheit zu tun haben, sehr streng mit sich ins Gericht gehen, vor allem wenn es um Selfies, Videos von Gruppen oder Gruppenbilder geht. Manchmal arbeitet man in der Psychotherapie dann daran, einen anderen Umgang mit Fotos von sich selbst zu bekommen. So kann es helfen, andere um ihre Meinung zu fragen und diese Wahrnehmung auch ernst zu nehmen.

Oder auszuhalten, wenn mal ein Bild veröffentlicht wird, auf dem man sich selbst nicht optimal findet. Im Leben außerhalb von Praxis- und Beratungsräumen versuchen viele unsichere Menschen dagegen, sich offensiv für Fototermine zu wappnen. Eine Interviewpartnerin erzählte mir: »Wenn ich wusste, dass bei einem privaten Anlass Gruppenbilder fürs Netz gemacht wurden, habe ich vorher schon tagelang überlegt, was ich anziehe.« Ein anderer sagte: »Ich mag mich auf Fotos nicht – ich sorge also dafür, dass ich auf keinem drauf bin.« Eine Dritte erzählte, dass sie nach Festen und Veranstaltungen alle Bilder akribisch danach absucht, ob sie darauf zu sehen ist: Ist sie häufig abgebildet, wird sie unsicher, weil sie ihr Aussehen nicht mag. Ist sie selten abgebildet, fürchtet sie, keinen guten Stand in der Gruppe zu haben. So weit, so ungut.

Wenn der Vergleich mit anderen im Netz für Sie ein relevantes Thema ist – und das wird wahrscheinlich umso stärker der Fall sein, je jünger Sie sind –, dann kann es ratsam sein, die Zeit, die Sie mit sozialen Medien verbringen, auf ein verträgliches Maß zu reduzieren. Oder einmal in Ruhe zu überlegen, welche Kanäle Sie abonniert haben und wie viele Plattformen ausreichen. Oder wie man mit Fotos, auf denen man sich nicht super findet, umgehen will. Zu dem Thema finden Sie erste Anregungen im Tippkasten am Ende des Kapitels. (Während ich das schreibe, ploppt irgendeine Pushnachricht auf: »So sieht Sharon Stone heute aus.« Natürlich fantastisch. Ein Gefühl von Verzagtheit bleibt eine halbe Minute präsent. Dann ist es vorbei.)

ÜBERREIZTER TON, MEINUNGS-NEBELKERZEN UND ECHORÄUME

All das heißt übrigens nicht, dass »die Medien« schuld sind, wenn Menschen sich sozial unsicher fühlen. Es geht eher darum, einen bewussteren Umgang mit Medien zu üben und zu erkennen, wie groß der emotionale Einfluss der digitalen Inhalte ist, wie stark wir dort hinstreben und wie unbewusst unser Umgang damit ist. Es lohnt also, sich klarzumachen, wie die digitalen Medien konkret auf unsere Emotionen wirken. Denn diese Wirkung ist umfassend: Nicht nur Unsicherheit und Selbstzweifel werden geschürt, auch Existenzangst, Wut und Empörung werden durch Inhalte im Netz verstärkt. Der Medienwissenschaftler Bernhard Pörksen hat in seinem Buch »Die große Gereiztheit« herausgearbeitet, dass uns der Cocktail aus sehr vielen gegensätzlichen medialen Inhalten, die auch emotional sehr unterschiedlich wirken, mürbe und duselig macht. Weil wir 24/7 mit der ganzen Welt verbunden sind, werden wir in einer Art emotionaler Achterbahn herumgeschüttelt – zwischen niedlichem Katzencontent, ärgerlichen politischen Meinungen, wunderschönen Sonnenuntergängen, dramatischen Entführungen oder Kriegsbildern, die Ohnmacht auslösen. Wir vergleichen unser Leben nicht nur mit dem der anderen, wir überlegen auch, wo wir tätig werden können, welche Einstellung wir zu dem haben, was wir sehen, wir berechnen Risiken, Chancen, fühlen uns schuldig, wütend, voller Scham. Oft wechseln die Gefühle im Halbminutentakt oder in noch kürzeren Intervallen. Viele Menschen lassen diesen Emotionen im Netz freien Lauf, weil andere es auch tun und weil es keine soziale Kontrolle gibt. Pörksen beschreibt, wie dieser Cocktail zu einem »kommunikativen Klimawandel« führt, der uns letztlich immer mehr in Angst und Habachtstellung versetzt.[20]

Am zunehmend aggressiven, respektlosen Ton in den Medien sind unzählige Menschen beteiligt. Viele der Aggressoren fühlen sich vermutlich ebenfalls oft unsicher, haben Ohnmacht oder Ängste in Wut und Hass verwandelt. Diejenigen, die den aggressiven, respektlosen Ton vorantreiben, spalten ihre Gefühle von Frust und Unsicherheit häufig ab, projizieren sie auf andere – und treiben diese dadurch in die Defensive. Dass sich derartige Dynamiken immer mehr verschärfen steht außer Frage: In einer 2024 veröffentlichten Studie des Bundesamtes für Verfassungsschutz zeigt sich, dass sich politische Diskussionen in den Kommentarspalten und auf Messengerdiensten immer mehr radikalisieren und dass die Stimmung dort oft von rechten Kräften angeheizt wird.[21] Und ein aktueller Essay der Schriftstellerin Eva Menasse beschreibt, wie heute eine verrohte und gesichtslose Hetze gegen alles und jeden im Netz die Demokratie bedroht.[22] Es herrscht ein rauer, wütender, manchmal auch gewalttätiger Ton. Das Klima öffnet denen Tür und Tor, die eh nicht mit ihrer Meinung hinterm Berg halten. Wenn über gesellschaftliche und politische Belange morgens um zehn im Netz so gestritten wird, als säßen die Beteiligten nach fünf großen Weizenbieren am Stammtisch, dann wird es schwierig, nicht nur für die Unsicheren und Schüchternen, sondern auch für die extravertiert-forschen, die besonnen-coolen und die enthusiastisch-offenen Menschen.

Ganz klar ist, dass dieses Klima einen zusätzlichen Druck macht und verunsichert. Aber die Folgen reichen noch weiter. Die Spaltung der Gesellschaft, die durch den miesen Ton in Diskussionen verstärkt wird und die auch gezielt eingesetzt wird, um die Grabenkämpfe zu verschärfen, wird immer durch bewusste Abwertung der jeweils anderen Gruppe erzeugt. Nach der »Theorie der sozialen Identität« des Sozialpsychologen Henri Tajfel gibt es in größeren Gruppen die Tendenz, die eigene Subgruppe immer als anders und besser darzustellen, um dadurch die eigene Identität und das eigene Selbstvertrauen zu stärken.[23] Man findet die Leute aus dem eigenen Wohnviertel besser, mag den eigenen Fußballverein und seine Fans lieber, sympathisiert mit Menschen der eigenen Berufsgruppe oder fühlt sich am wohlsten in einer Bildungsschicht, die man kennt. Bis zu einem bestimmten Punkt ist so eine Zuordnung menschlich. Sobald es sich aber hier um ein festgefahrenes Prinzip handelt, man andere Gruppen gar nicht mehr sieht oder sogar systematisch abwertet, kommen Hass und Gewalt ins Spiel; wird Abwertung massiv, werden unsichere Menschen – vor allem, wenn sie selbst zu einer gesellschaftlichen Minderheit gehören – noch instabiler. Die Wiener Soziologin Laura Wiesböck hat in ihrem Buch »In besserer Gesellschaft« dargelegt, wie oft die Grenze zur Selbstgerechtigkeit überschritten wird, wie arrogant und ignorant wir den vermeintlich anderen begegnen, die »nicht sind wie wir«.[24] Und wie sehr wir mit solchen Distinktionsversuchen vor allem Angst erzeugen. Vorurteilserzählungen von den »bösen Eliten«, den »gefährlichen Geflüchteten«, den »blöden Ossis«, den »ungebildeten Menschen« oder den »Snobs« fördern ein soziales Klima des Sich-Belauerns. So wird auch in alltäglichen Begegnungen, in politischen Diskussionen, im Netz oder in der analogen Welt, auf Elternabenden, in Vereinen oder in Familien immer öfter die Frage laut: »Zu welcher Gruppe gehörst du?«, »Passt das noch zu uns?« oder »Auf welche Seite schlägst du dich?«. So werden Diskussionsräume kleiner, Schwarz-Weiß-Denken stärker und Schuldzuweisungen größer. Auch das ist für sozial unsichere Menschen letztlich ein Szenario wie aus einem Albtraum – hier werden ihre Befürchtungen geschürt, blöd dazustehen, beschämt zu werden, nicht einschätzen zu können, was andere von ihnen denken.

Wenn Sie beim Lesen dieses Abschnitts merken, dass sie mit dem Gefühl von Einsamkeit durch Ausgrenzung vertraut sind, sich häufiger mit Fragen beschäftigen wie: »Falle ich aus der Gruppe heraus?« oder »Werden sie mich akzeptieren, auch wenn ich anders bin?«, dann ist es wichtig, sich klarzumachen, dass diese Art der Zweifel und Unsicherheiten in den letzten zwanzig Jahren vom gesellschaftlichen Klima befeuert wurde. Sehen Sie auch das nicht als rein individuelle Thematik. Es kann sich für Sie lohnen, die eigene Unsicherheit in Bezug auf bereits gemachte Ausgrenzungs- oder Mobbingerfahrungen zu sehen. In diesem Buch könnte dann zum Beispiel das Kapitel vier interessant sein, in dem Henrik Bartens davon erzählt, wie die frühe Entdeckung seiner Homosexualität sowohl seine persönliche Stärke als auch seine soziale Unsicherheit begünstigt haben – und wie er dieses Lebensthema heute nutzt, um andere zu ermutigen. Auch das Kapitel sechs, in dem Nadine Cerny über vereinzelte Mobbing-Versuche und Bodyshaming in der Vergangenheit erzählt, wäre dann interessant. Wichtig ist an dieser Stelle, sich klarzumachen, dass es ein Ansatz sein könnte, den Zusammenhalt in Gruppen zu fördern, einen gesellschaftlichen Umgangston zu etablieren, in dem sich jeder öffnen kann und Kontakt statt Spaltung entsteht. Sozial unsichere Menschen können durch ihre große Empathiefähigkeit und Feinfühligkeit oft gut zu so einem Klima beitragen. Es ist kein Muss, das »für die anderen« abzuliefern. Aber die Fähigkeit ist wertvoll.

ALLEINSEIN UND VIEL ZU VIELE LEUTE

Wo gehöre ich eigentlich hin? Solche Fragen schwingen immer mit, wenn man versucht, herauszufinden, zu welcher gesellschaftlichen

Gruppe man sich hingezogen fühlt und wo die eigenen Leute sein könnten. Die Frage der Zugehörigkeit ist drängender geworden – auch weil sie nicht mehr so leicht zu beantworten ist. Noch vor wenigen Generationen wurde sie dadurch geregelt, dass Menschen in Familien – oft viel zu eng und mit viel zu starken Zwängen – miteinander verwoben waren. »Zu Hause war lange der Ort, wo man uns aufnehmen musste«, sagt der Psychotherapeut Thorsten Padberg.[25] Und obwohl es auch heute für viele Menschen einen sicheren Rückhalt durch Verwandte oder Wahlverwandte gibt, sind Bindungen insgesamt brüchiger geworden. Es gibt über 40 Prozent Singlehaushalte, doppelt so viele wie Mitte des 20. Jahrhunderts.[26] Wir trennen uns häufiger, erfinden uns neu. Die Lebensentwürfe werden diverser, feste Regeln, wie wir leben sollten, gibt es nicht. Das ist eine große Freiheit und Grund zu feiern – stellen Sie sich hier ein Emoji mit Konfettitüte vor. Aus dieser Freiheit folgt allerdings, dass wir heute viele Dinge allein entscheiden und regeln müssen. Darüber hinaus können wir uns nicht sicher sein, ob eingegangene Verbindungen verbindlich sind. Die zunehmende Mobilität tut ihr Übriges, von Wochenendbeziehungen mit Lieblingsmenschen bis zu Familien, die über mehrere Kontinente verteilt sind, gibt es heute alle erdenklichen Distanz-Konstellationen. Das heißt: Beziehungen werden unsicherer.

Gleichzeitig müssen wir uns häufiger auf immer neue Menschen einstellen, im Team, in Projekten, im Privaten, im Fitnessklub und so weiter. All das ist für sozial ängstliche Menschen oft eine Herausforderung und verstärkt die ohnehin oben aufliegenden Fragen »Gehöre ich dazu?«, »Mögen sie mich?«, »Was soll ich denn jetzt machen?«. Dass solche Zweifel aufkommen, sei angesichts der sich ständig verändernden sozialen Anforderungen – zum Beispiel im Job und in Großstädten – vollkommen verständlich, findet

Psychotherapeut Padberg. In seiner Praxis in Berlin spricht er oft mit Menschen zwischen 20 und 40 Jahren, die gerade neu in die Metropole gekommen sind und stark unter Stress stehen, weil es gar nicht so einfach ist, »neue Freunde zu finden«. Und Leute aller Altersgruppen schildern, dass sie in der Stadt schon lange in verschiedenen Bekanntenkreisen unterwegs sind, aber merken, dass sich über die Jahre keine Vertrautheit aufgebaut hat. Andere, eher aus dem Umfeld junger Familien, beklagen, dass andere Familien, mit denen man eng verbunden war, irgendwann weiterziehen und sich scheinbar starke soziale Bande rund um Kita-Cliquen oder Hausgemeinschaften doch als brüchig erweisen. Die Unwägbarkeiten im sozialen Gefüge können Unsicherheiten leicht potenzieren. Und sie betreffen keinesfalls nur das Leben in Metropolen.

So ist etwa der Joballtag heute landauf und landab ähnlich – ständig gibt es Veränderungsprozesse. Change ist neue Normalität geworden. Das betont die Coachin Svenja Hofert. In ihren Seminaren und Büchern weist sie seit Jahren darauf hin, dass Veränderungen in der Unternehmenswelt heute zum Teil so komplex sind, dass man sich auf ständig neue Fragezeichen und Erkundungsprozesse einstellen sollte.[27] Deshalb sei es auch passend, wenn Menschen aufgrund dieser Herausforderungen zum Ausgleich konstantere Bedingungen im Privaten suchen, findet Hofert. Mit Familie, Freunden oder anderen privaten Vertrauenspersonen eine sichere Basis zu bilden, kann helfen, die ständigen Veränderungen in Projekten und Jobs überhaupt auszuhalten. Damit setze man allerdings einen Kontrapunkt zum Trend der letzten zwanzig Jahre – der Tendenz, alle Lebensbereiche immer mehr miteinander zu verschmelzen. Die Generation Z, also die heute etwa Mitte Zwanzigjährigen, etablieren diese Trennung ohnehin wieder mehr. Hofert sagt nicht, dass man sich in der gemütlichen Privatwelt ignorant abschotten sollte.

Eher findet sie, dass es sich lohnt, die berufliche Rolle und die private Rolle mehr zu trennen. Für unsichere Menschen ist das oft ein guter Weg: Man kann dann klarer differenzieren, sich im Job Kniffe überlegen, um angstvolle Situationen durchzustehen, und privat offener zu Schwächen, Zweifeln und Unsicherheiten stehen. Je nach Setting flexibel zwischen verschiedenen Rollen und Anforderungen wechseln zu können, stärkt uns in unsicheren Zeiten. Svenja Hoferts Haltung jedenfalls ist ein Plädoyer dafür, sich darauf einzustellen, dass vor allem im Berufsleben heute immer wieder neue Unsicherheiten auftreten werden. Das heißt: Wir dürfen hier auch durchaus mal ratlos und bocklos sein: Der Anspruch »Ich muss mit jedem sofort zurechtkommen« oder »Ich muss trotz aller Neuerungen immer perfekt funktionieren« ist oft zu hoch gegriffen, darf hinterfragt und verändert werden. Für viele unsichere Menschen ist das eine gute Nachricht.

Es ist also ein wichtiger Schritt, auf die sozialen Dynamiken in Job und Privatleben zu schauen und sich zu fragen, wie man sozial leben kann und will. Das ist keine Aufforderung, sich von allem zurückzuziehen. Eher eine Einladung, sich das private und auch berufliche soziale Leben so zu gestalten, dass es einen erfüllt, aber nicht überfordert. Denn auch nach Beobachtungen des Psychotherapeuten Thorsten Padberg erwarten viele Menschen Unmögliches von sich. Die Hälfte an losen Kontakten reicht oft aus. Die Hälfte an Mut ebenfalls. Und eine bewusstere Auswahl der Menschen, für die es sich lohnt, über den eigenen Schatten zu springen.

Wenn diese Thematik Sie anspricht, könnten Sie die Schilderungen von Paulina Novak in Kapitel drei interessieren, die sich in ihren unterschiedlichen Rollen zwischen Muttersein und Job verunsichert fühlte und wie aus heiterem Himmel mehrerer Jahre Panik und soziale Ängste erlebte. Auch in Kapitel fünf, in dem es vor allem um körperliche Reaktionen wie Schwitzen und Rotwerden unter Fremden geht und wie man damit umgehen kann, könnte erhellend sein. Und nicht zuletzt die Schilderungen von drei Personen in Kapitel sieben, die von sich selbst sagen, dass sie früher große Hemmungen hatten, vor anderen Menschen zu reden – aber gelernt haben, sich die Rolle der Rednerin wie einen schicken Jumpsuit überzustreifen. Trotz einem ausgeprägten Hang zur Schüchternheit.

GEHT DIE SOZIALE DISTANZIERUNG WEITER?

Ein sicherer und selbstverständlicher Umgang miteinander ist auch durch die Jahre der Corona-Pandemie ins Wanken gekommen. Sehr oft ist in den letzten Jahren davon gesprochen worden, dass die Jahre 2020 bis 2022, und dort insbesondere die Phasen der Lockdowns, gesellschaftliche Probleme »wie unter einem Brennglas« sichtbar gemacht haben. Diese Formulierung nutzten zum Beispiel Gesundheitswissenschaftler:innen, Bildungsforscher:innen, Politiker:innen und Psychotherapeut:innen, um damit auszudrücken: Die ohnehin bestehende allgemeine Verunsicherung, die zum Teil prekären gesellschaftlichen Bedingungen in den Bereichen Bildung, Umgang mit Armut, Gesundheitswesen und Familienförderung haben sich durch die Corona-Zeit deutlicher abgezeichnet als vorher – und auch verschärft. Die Politologin Gundula Ludwig betont etwa 2020 in einem Interview im Deutschlandfunk, dass »Seuchen von Beginn an politisch sind. Weil immer auch mitverhandelt wird, welche gesellschaftliche Ordnung eine gute, angemessene ist.«[28] Tatsächlich hat die Zuspitzung der allgemeinen gesellschaftlichen Probleme, darunter auch soziale Ungleichheit und Einsamkeit, sowie eine reale Bedrohung durch das Virus dazu geführt, dass Menschen sich seelisch unwohler fühlten, dass ohnehin schon stark verbreitete Symptome wie Ängste und Depression sichtbarer wurden und vorübergehend zugenommen haben. Bei Erwachsenen, vor allem aber bei Kindern, Jugendlichen und jungen Erwachsenen. Die COPSY-Studie, eine Längsschnittstudie zur psychischen Gesundheit von Kindern und Jugendlichen, belegt das deutlich. Studienleiterin Ulrike Ravens-Sieberer vom Universitätsklinikum Hamburg Eppendorf betont immer wieder, dass deren seelische Beeinträchtigung zwar wieder zurückgegangen ist, aber auch in 2022 und 2023 noch deutlich höher war als vor der Pandemie.[29] Für Erwachsene haben sich die Spätfolgen der Pandemie – zumindest in Bezug auf die psychische Gesundheit – stärker relativiert. Geblieben ist lange Zeit ein gewisser Hang zum Rückzug: Nachdem die Distanzierungsmaßnahmen weitgehend aufgehoben wurden, bewegten sich viele Menschen in Kontakt mit anderen ungelenk, unsicher und hakelig – ein bisschen wie Leute, die zu lang auf einem Schiff auf See gewesen sind und der feste Untergrund noch eine Weile weiterschwankt. Der Sozialpsychologe Ulrich Stangier von der Universität Frankfurt hat während der Pandemie zum sogenannten Cave-Syndrom geforscht, also zur Tendenz, im sozialen Rückzug zu erstarren, in der eigenen Höhle zu bleiben, auch nach den Lockdownmaßnahmen nicht mehr ganz ins Leben zurückzufinden. Wie hoch der Leidensdruck war und wie viele Menschen das betroffen hat, ist noch nicht abschließend geklärt. Stangier, der ein führender Experte für das Thema soziale Ängste und Phobien im deutschsprachigen Raum ist, nimmt aber an, dass »eine Rückkehr zu normaler, unbekümmerter sozialer Spontaneität bei den meisten Menschen eine Übergangszeit benötigen wird«. Aus Interviews geht hervor, dass er diese Anpassungszeiten nicht als pathologisch sieht, sondern verständlich findet.[30]

Zum gegenwärtigen Zeitpunkt können wir zumindest sagen, dass die Pandemie unsere Vorstellung davon verändert hat, wie viel sozialer Kontakt und wie viel physische Präsenz im Berufsleben notwendig ist. Viele Menschen haben während der Pandemie erlebt, dass man arbeitsfähig bleibt, auch wenn man nicht jeden Tag acht Stunden im Büro unter Menschen ist. Viele erleben einen Wechsel aus sozialem Kontakt und Alleinarbeit als entlastend. In Unternehmen gab es seither geradezu revolutionäre Veränderungen in Richtung Home-Office-Regelungen und Präsenzpflicht. Viele Führungskräfte sehen, dass es Sinn macht, wenn Mitarbeiter:innen mal zu Hause und mal im Office ihren Aufgaben nachgehen. Und eine Studie der Hans-Böckler-Stiftung zeigt, dass auch 2023 sich etwa drei Viertel der Befragten einer Studie weiterhin Homeofficetage wünschen.[31] All das klingt eher nach einer Bereicherung als nach einem Problem. Die Wünsche und Veränderungen haben damit zu tun, dass viele Menschen für eine gesunde Arbeitsfähigkeit beides brauchen – die Kolleg:innen und den Anschluss, aber auch Arbeitszeiten in Ruhe bzw. Arbeitstage, die sie zeitlich freier strukturieren können und an denen Fahrzeiten wegfallen. Die Pandemie hat hier eine Struktur mitgeschaffen, in der sich soziale berufliche Kontakte flexibilisieren. Diese Neuerungen entlasten viele.

Das erscheint zu positiv? Vielleicht. Die seelischen Spätfolgen der Corona-Pandemie sind noch nicht abschließend zu beurteilen. Eine Metaanalyse, die 2023 im British Medical Journal veröffentlicht wurde, legt jedenfalls nah, dass langfristige psychische Auswirkungen der Pandemiejahre für Erwachsene wahrscheinlich minimal sind.[32] Die Zeichen stehen aber dennoch nicht auf Entwarnung: Die Häufigkeit von seelischen Erkrankungen, von Unsicherheiten und Ängsten sind leider schon seit mehreren Jahren erhöht. Auch das Ausmaß an empfundener Einsamkeit war bereits vor der Pandemie hoch. Und der soziale Rückzug von Menschen, die an sozialen Unsicherheiten leiden, ist spätestens seit den 1980er-Jahren, als die Diagnose der sozialen Phobie das erste Mal formuliert wurde, ein bekanntes Phänomen. Jetzt, wo wir das Pandemie-Brennglas wieder beiseitegelegt haben (irgendwo in der Krimskrams-Schublade wird es vielleicht noch sein), gerät uns die große Bedeutung von sozialem Kontakt und Verbundenheit vielleicht wieder etwas zu sehr aus dem Blick. Und auch die Tendenz zum Rückzug vor anderen und zu großen Unsicherheiten im Miteinander nehmen wir nicht mehr so stark wahr, obwohl sie nach wie vor da ist – und nicht erst seit den Covid-19-Jahren.

Wenn Sie zu den Leuten gehören, die sich in der Pandemie mehr zurückgezogen haben als andere, sich von sozialen Kontakten entfremdet gefühlt haben oder insgesamt nur langsam oder gar nicht zurück in den sozialen Alltag gefunden haben, dann hilft Ihnen möglicherweise das Kapitel sechs, in dem die Grafikerin Nadine Cerny erzählt, wie sie sich trotz ihrer Unsicherheit immer wieder einen Weg bahnt, am Leben teilzunehmen und für sich eine passende Position zu finden. Auch das Praxis-Coaching am Ende des Buches, in dem es um Strategien geht, wie man Vermeidungsverhalten überwinden kann, ist dann empfehlenswert. Sich aus der Vermeidung zu lösen, ist ein großer Schritt hin zu einem gesunden Umgang mit der eigenen Unsicherheit. Ich denke da zum Beispiel an eine Barkeeperin, die lange versuchte, ihre sozialen Ängste mit Negroni und Whiskey Sour abzupuffern, bis sie merkte, dass es so nicht mehr ging. Oder an einen Speditionskaufmann, der sich aus Angst vor anderen über Jahre zurückzog und nur langsam aus seinem Schneckenhaus herausfand. Falls Sie das anspricht, versuchen Sie sich vielleicht schon jetzt mit folgendem Gedanken vertraut zu machen: Sich immer mal wieder zurückzuziehen, ist für Menschen, die sozial unsicher sind, erlaubt und okay. Aber es kommt auf das Maß an. Es lohnt, sich regelmäßig zu fragen, ob es ein Zuviel an Vermeidung wird – und wie und wofür man sich vielleicht doch mehr in die soziale Welt hinauswagen könnte.

Die Stolperfallen und Schwierigkeiten, die auf uns Unsichere in der Welt da draußen warten, haben Sie nun besser kennengelernt. Es kann Sie auf Dauer eher stärken als schwächen, wenn Sie die ungünstigen gesellschaftlichen Bedingungen – von Insta-Oberflächen bis Change-Prozessen – immer mal wieder in den Blick nehmen und sich bewusst machen: Es liegt nicht allein an der eigenen Persönlichkeit oder den biografischen Prägungen, wenn Sie unsicher auf andere Menschen reagieren. Wir leben in Zeiten, die verunsichern können. Und in denen ein Klima von Bewertung und Vergleichen so stark geworden ist, dass uns das gar nicht mehr auffällt. Das kann uns gleichzeitig verhärten und verschrecken. Wenn wir mit im Blick haben, dass wir, wie es in der Psychologie etwas sperrig heißt, »bio-psycho-soziale Wesen« sind, haben wir mehrere Ansatzpunkte, unserer eigenen Unsicherheit zu begegnen. Wir können sozial, gesellschaftlich oder in unserem Freundeskreis versuchen, etwas zu verändern. Wir können uns fragen, was sich in der Welt ändern muss, damit wir uns sicherer begegnen können. Wir können aber auch nach innen schauen und bei uns selbst ansetzen. Beide Richtungen sind wertvoll und können helfen, einen souveränen Umgang mit den unsicheren Gefühlen zu finden.

Einfach machen: selten und selbstbestimmt

Okay, die sozialen Medien machen die Angst vor Bewertung schnell schlimmer. Wäre es dann möglicherweise eine Option, den Plattformen, Chatgruppen und Online-Dating-Diensten ganz fernzubleiben? Möglich wäre es. Oder Sie suchen einen passenden Umgang mit der virtuellen Welt. Hier bekommen Sie fünf Anregungen.

Weniger ist mehr. Suchen Sie sich unter den üblichen Verdächtigen die eine oder zwei Plattformen, bei denen Sie unbedingt dabei sein oder bleiben wollen, auf die Sie nicht verzichten können. Die anderen deaktivieren Sie! Denken Sie daran: Die Verunsicherung durch Vergleiche wächst, je mehr Kanäle man täglich abruft.

Wozu denn? Überlegen Sie, warum die wenigen Kanäle, die Sie behalten, für Sie wichtig sind. Sind dort gute Freund:innen? Gibt es Infos, die Sie weiterbringen? Zeigen oder verkaufen Sie dort etwas, was mit Selbstwertthemen wenig zu tun hat? Lernen Sie potenzielle Partner:innen kennen oder ist es schlicht alltäglich praktisch? Finden Sie zwei gute Argumente, warum Sie regelmäßig Zeit auf der Seite verbringen. Fokussieren Sie sich auf diese Aspekte, wenn Sie herumscrollen.

Was ins Schaufenster passt. Wie wollen Sie im Netz sichtbar sein? Was möchten Sie zeigen oder posten? Suchen Sie Formen, die für Sie passen. Posten Sie ausgewählte Dinge oder

Grafiken und Symbolbilder statt Fotos von sich. Schreiben Sie gelegentlich etwas zu einem Thema, das Sie interessiert oder mit dem Sie sich sehr gut auskennen. Selten, aber bewusst mitmachen ist oft stärkender, als ständig passiv beim Leben der anderen zuzugucken.

Wie es andere machen. Verfolgen Sie die Profile anderer Menschen, die eher schüchtern, introvertiert oder gehemmt sind, sich im Netz aber geschickt bewegen und gut in Szene setzen. Suchen Sie sich eine Person, von der Sie sich etwas abgucken können, und setzen Sie Kleinigkeiten um.

Wochenweise Detox. Sie brauchen für ein Vorhaben all Ihren Mut und können keine zusätzliche Verunsicherung brauchen? Dann kann es passend sein, für einige Tage oder auch Wochen in den Digital-Detox-Modus zu wechseln. Sich ab und zu blockweise und konsequent dem vielen sozialen Input zu entziehen, kann alle entlasten. Auch die Selbstsicheren.

KAPITEL ZWEI

»ICH FRAGTE MICH STÄNDIG, WAS ANDERE VON MIR DENKEN«

Oder: warum es hilft, sich mit Selbstkritik zu beschäftigen

Oft tobt der Sturm vor allem im Inneren: Viele unsichere Menschen sorgen sich beim Zusammentreffen mit anderen darum, abgewertet, ausgelacht oder blamiert zu werden. Die Angst vor negativer Bewertung variiert natürlich je nach Situation. Zum Teil wird sie aber auch von einer inneren kritischen Stimme verstärkt – oder sogar hervorgerufen. Ständige Selbstkritik begleitet etwa die Stadtplanerin Lena Hauser.[33] *Die 32-Jährige erzählt hier, wie sie sich fühlt und was sie von sich denkt, wenn sie im Kontakt mit anderen ist. Und was sie getan hat, um ihre selbstkritischen Urteile zu verändern – und sich selbst mehr anzunehmen.*

Es gibt gute Zeiten. Und es gibt schlechte Zeiten. So hat Lena Hauser ihr alltägliches Leben immer wieder beschrieben. Ging es gut, konnte die 32-Jährige halbwegs konzentriert zu Teambesprechungen gehen, Projekte anschieben, ihre Freundinnen treffen, abends weggehen und die Unsicherheit im Kontakt unterdrücken. Lief es schlecht, war ihre Beklemmung so stark, dass sie sich im Job aus vielem raushielt, Verabredungen absagte, sich auch in banalen Gesprächen auf dem Büroflur oder beim Bäcker schnell berührt fühlte. War sie zu einer Party eingeladen, überlegte sie in solchen Phasen ewig, ob sie hingehen sollte. Wenn sie dann doch losging, wurde sie auf dem Weg immer langsamer, merkte, wie Angst hochstieg. Sie bekam Herzklopfen bis zum Hals, manchmal auch ein Gefühl, als würde sie unter Wasser gedrückt – hörte alles nur noch gedämpft. Manchmal ist sie dann umgekehrt, manchmal quälte sie sich weiter. Vor Ort sorgte sie dann immer dafür, dass Jacke, Tasche und Schuhe möglichst im Flur vor den Partyräumen oder vor der Wohnungstür deponiert waren. So konnte sie im Zweifel unbemerkt abhauen und hat davon auch mehr als einmal Gebrauch gemacht.

Schlimm seien immer die Small-Talk-Phasen gewesen, diese erste Stunde, in der man flüchtige Bekannte, alte Freunde, Kolleginnen und Kollegen wiedersieht, über Alltägliches redet, Neuigkeiten austauscht, da anknüpft, wo man bei einem ähnlichen Anlass aufgehört hat. Manchmal stand sie dann einfach mit einem Aperitif in der Hand in der Menge und wurde von Gedanken überwältigt, wie »Sie werden sehen, dass ich unfähig bin«, »Alle starren mich an, weil sie mich komisch finden« oder »Jetzt bloß keine Fehler machen«. Sie fürchtete zum Beispiel, einen Namen zu vergessen oder sich nicht mehr zu erinnern, welches Thema sie mit den Bekannten der Gastgeber zu einer anderen Gelegenheit besprochen hatte. Während sie vordergründig Konversation machte, Fragen stellte, funktionierte, lief im Hintergrund ein innerer Film. Die ganze Zeit beobachtete sie sich selbstkritisch: Wie steh ich da? Wie sieht das aus? Was soll ich denn jetzt machen? »Ich war während der Begegnungen mit den anderen so sehr auf mich und meine vermeintlichen Schwächen fokussiert, dass ich mich wirklich manchmal komisch verhielt, anderen nicht richtig zuhören konnte, nicht bei der Sache war«, erzählt Lena Hauser.

Besonders fürchtete sie bei diesen Gesprächen die Frage: »Wie geht es Dir?« oder – noch schlimmer – die Phrase »Alles gut?«. Sie lacht trocken, wenn sie daran zurückdenkt: Sie habe solche Gesprächseinstiege immer als Angriff gesehen, denn sie wollte auf keinen Fall erzählen, wie es ihr geht, wollte nicht sagen: »Ich kippe fast um, bin total unsicher, halte mich für die uninteressanteste Person auf der Party.« Sie konterte deshalb immer nur zackig: »Gut. Und selbst?« Ihr sei mittlerweile bewusst, dass sie sich mit dieser Art der Kommunikation verhalten habe wie bei einem Tennismatch, bei dem man den Ball möglichst schnell übers Netz schmettert, um ja keinen Punkt zu verlieren. Sollten die Gegner doch sehen, was sie mit dem Ball machten, wie sie die persönliche Frage beantwortet bekämen. Sobald das Gegenüber anfing zu reden, wurde Lena Hauser jedenfalls ruhiger. Gut, wenn die anderen erzählten. Als Zuhörerin konnte sie die erste Phase einer Feier oft überstehen. »Ich habe das alles wie einen Kampf gesehen und war unglaublich angestrengt«, erinnert sie sich.

VERSTEHEN, WAS LOS IST

Obwohl sie eigentlich andere Menschen mag und – auch wenn das seltsam klingt – sogar manchmal gerne feiere und tanze, habe sie ihre Angst vor den anderen irgendwann nicht mehr ausgehalten. Es sei so schlimm geworden, dass alle sozialen Aktivitäten sie extrem viel Energie, Sorgfalt und Vorbereitung kosteten. Lena Hauser sei einerseits erschöpft und resigniert gewesen, habe sich andererseits auch immer häufiger kurzfristig zurückgezogen und damit vor allem Freunde irritiert, manchmal aber auch ihren Arbeitgeber, ein Büro für Stadtentwicklung im Raum Köln. Sie habe sich auch dort bald so unsicher gefühlt, dass sie einmal kurzerhand in einem Zoom-Meeting in den Chat schrieb, dass bei ihr die Technik nicht funktioniert, und habe einfach auf »Meeting verlassen« gedrückt. Danach saß sie an ihrem Home-Office-Schreibtisch, fühlte sich zunächst erleichtert, dass sie sich nicht mehr selbst auf der Videokachel anschauen musste. Und dass sie sich nun auch nicht länger um die Frage scheren brauchte, wie die anderen wohl ihr Projektkonzept finden würden. Es war plötzlich still in der Wohnung, ein Gefühl der Erleichterung trug sie. Aber nur kurz. Nach einer Stunde übernahm die Verzweiflung. Sie sah plötzlich sehr deutlich, dass es so nicht weitergeht. »Meine Unsicherheit hatte eine neue Dimension erreicht. Früher habe ich meistens trotz meiner Unsicherheit und vielen Befürchtungen am Leben teilgenommen. Jetzt war ich überhaupt nicht mehr einsatzfähig. Die Tendenz zum Rückzug wurde stärker«, sagt Lena Hauser. Dieser Tiefpunkt habe sie bewogen, mit einer Psychotherapie zu beginnen. »Ich hasste meine Unsicherheit, wollte sie loswerden und wieder souverän sein, wie ich es früher häufig war.«

Doch in den Gesprächen mit der Therapeutin sei es dann ganz anders verlaufen, als sie es sich vorgestellt hatte. Sie hatte sich Tipps und Tricks erhofft, wie sie in unsicheren und unbehaglichen Situationen wieder besser funktionieren und sozial kompatibel werden könnte. Doch obwohl es oft sinnvoll und durchaus auch üblich ist, in Therapien von sozialen Ängsten zügig zu überlegen, wie man das Vermeidungsverhalten aufgeben und wieder in Kontakt gehen kann (siehe dazu zum Beispiel Kapitel drei und fünf), war in Lena Hausers Therapie die Gewichtung anders. In den Sitzungen ging der Blick erst einmal auf sie selbst. Sie fing an, eigene Mechanismen, Emotionen und Überzeugungen zu reflektieren. Ausgangspunkt waren oft schwierige soziale Situationen wie Party-Small-Talk. Gemeinsam mit der Therapeutin schaute sie darauf, wie sie selbst reagierte, was sie selbst in solchen Momenten dachte, fühlte, machte. Und was sie verändern könnte an ihrer inneren Haltung zu ihrer Unsicherheit. Schon nach ein paar Stunden hätte man über dem Therapieraum ein Motto in blinkender Leuchtschrift aufhängen können: »Akzeptiere dich selbst und deine Unsicherheit.« Das Schöne an solchen leuchtenden Leitsprüchen ist natürlich, dass sie uns den Weg weisen und klar erscheinen. Das Schwierige daran ist, dass man Ähnliches überall lesen kann – und dass man leicht an solchen Sätzen abgleitet. Sicher, das klingt gut. Aber wie soll das gehen? Wie soll man sich selbst und die eigene Unsicherheit annehmen und akzeptieren?

Wenn Lena Hauser heute davon erzählt, sieht sie verschiedene innere Erkenntnisse und äußere Ansatzpunkte. Ein erstes Aha-Erlebnis hatte sie, als sie im Gespräch mit der Therapeutin entdeckte, dass sie vor sozialen Situationen, vor allem im privaten Bereich – Partys, Hochzeiten, Gespräche in kleinen Gruppen –, auch deshalb so unsicher war, weil sie himmelhohe Ansprüche an sich selbst hatte. Ihr wurde bewusst, dass es für sie »das Mindeste« war, für andere unterhaltsam und eine zugewandte, aufmerksame Gesprächspartnerin zu sein. Sie erwartete darüber hinaus tatsächlich von sich, die Namen aller Menschen, die ihr je vorgestellt worden waren, zu kennen und auch an länger zurückliegende Gespräche anknüpfen zu können. »Ich habe einmal vergessen, dass der Freund einer Arbeitskollegin Anwalt ist, obwohl wir schon mal über seinen Job gesprochen hatten. Mir war das unglaublich peinlich«, erinnert sie sich. In der Therapie sei ihr klar geworden, dass sie damit unerfüllbare Ideale an Kommunikation hochhielt: Jeder vergisst schließlich mal Namen. Kaum jemand weiß noch, was andere im letzten

Jahr gesagt haben. Es soll sogar Leute geben, die sich damit brüsten, dass sie ihr Geschwätz von vorgestern nicht mehr interessiert. Auch unterhaltsam muss man nicht sein – reden nicht am Anfang die meisten übers Wetter oder den Job? Es ging also um einen Realitätstest, darum, zu beobachten, wie Kommunikation tatsächlich abläuft. Und sich zu erlauben, in diesem heruntergebrochenen Modus – mal konzentriert, mal fehlerhaft – in die privaten Begegnungen zu gehen. Lena Hauser habe sich das in kleinen Schritten erarbeitet: es sich selbst zu verzeihen, einen Namen nicht zu wissen – oder sogar noch einmal danach zu fragen. Sich die Wahl zu lassen, mit wem man sprechen will und mit wem nicht. Und gelegentlich auch selbst alltägliche Banalitäten auf den Tisch zu bringen – schließlich ist ein Gespräch über Bäume kein Verbrechen. Zumindest ist es ein Anfang.

ZU VIEL SELBSTKRITIK

Das klingt machbar, vielleicht sogar einfach. Am Anfang sei es aber sehr schwer gewesen. Eine Riesenüberwindung habe es gekostet, eine etwas gelassenere Haltung, quasi die Holzklasse-Version von Kommunikation einzunehmen. Denn dahinter lauerte die nächste Schwierigkeit: Lena Hausers ausgeprägte Angst, von anderen für kleine Fehler oder Unregelmäßigkeiten runtergemacht zu werden, peinlich berührt zu sein, blamiert dazustehen. Im Zuge der Beschäftigung mit ihrem eigenen Verhalten in sozialen Situationen wurde klar, warum sie so sehr darauf bedacht war, im Kontakt perfekt zu agieren. Es sei ein hilfloser Versuch gewesen, sich vor der Kritik und Herabwürdigung anderer zu schützen. »Ich habe mich in dieser Zeit besser kennengelernt und überhaupt erst verstanden, dass ich eine ausgeprägte Angst vor der Bewertung und Abwertung anderer habe. Mir wurde klar, wie viel ich dafür getan habe, dass andere mich mögen. Und wie sehr ich fürchtete, den Ansprüchen der anderen nicht zu genügen«, sagt sie. Sie habe dann aber doch an sich herangelassen, wie stark sie sich Zuwendung wünschte und gleichzeitig Angst hatte, dass andere sie ablehnten. Ihr sei klar, dass Menschen, die anderen um jeden Preis gefallen wollen, heute oft als People Pleaser bezeichnet werden. Doch dieser Begriff träfe es für sie nicht, er wirke harmlos und klinge ein bisschen nach Heuchelei. Ihr persönliches Erleben sei eher ein lieblos zusammengeschütteter Cocktail aus Cringe-Momenten und Scham, Lauern auf Bewertung, Hereinkriechen in den Kopf der anderen, zum Bersten angespannte Nerven – und bei alldem drifte man immer weiter weg von sich selbst. Das sei so unangenehm, sagt Lena Hauser, dass sie sich heute fragt, warum sie nicht viel früher gemerkt hat, wie sehr sie die Angst vor Bewertung beherrschte. »Ich will toll sein, ich will gut dastehen, ich will gemocht werden«, sagt sie. Das will sie übrigens immer noch. Nur nicht um jeden Preis. Das Gefühl, angenommen zu sein, so sagt sie, sei mittlerweile nicht mehr überlebenswichtig.

Was Lena Hauser über ihre Angst, nicht zu genügen, oder das starke Bedürfnis, von anderen bestätigt zu werden, im Interview erzählt, würden viele Psycholog:innen als einen »selbstkritischen Prozess« bezeichnen, ein Zuviel an Gedanken, Gefühlen und Handlungen, mit denen man sich selbst abwertet und verunsichert. Die Dosis macht das Gift. Der Wunsch nach Anschluss an andere sowie die Angst, in einer Gruppe so bewertet zu werden, dass man ausgeschlossen wird, ist zunächst eine Art anthropologische Konstante. Die Scham, danebengegriffen zu haben, oder die Befürchtung, nicht gruppenkompatibel zu sein, ist ein nützlicher, oft überlebenswichtiger Hinweis. Wer in einer steinzeitlichen Gruppe ausgeschlossen wurde, dem drohte der Tod.[34] So dramatisch ist es heute glücklicherweise nicht mehr, doch es ist nach wie vor vorteilhaft, ein Händchen für soziale Zusammenhänge zu haben und manchmal auch vorsichtig zu bleiben. Man sichert sich damit ab. Nur ist das Ausmaß an Bewertungsangst, das viele unsichere Menschen erleben, viel zu stark. Sie übernehmen zu schnell die Rolle der Beschämten und Ausgegrenzten. Vielleicht kann man sogar sagen, sie versuchen Beschämung so sehr zu vermeiden, dass sie auch deshalb ständig mit allen Sinnen am sozialen Geschehen hängen. Der Wunsch, um keinen Preis peinlich berührt zu werden, rauszufallen und aufzufallen, kann unterschiedliche Gründe haben. Oft geht es um Minderwertigkeitsgefühle. Wer wie Lena Hauser mit sozialen Unsicherheiten zu tun hat, für den lohnt oft eine freundliche Beschäftigung mit dem eigenen Selbstwertgefühl. Umgekehrt kann es auch helfen, den eigenen Hang zur Selbstkritik zu kennen und zu verändern. Die amerikanische Psychotherapeutin Ellen Hendriksen, die seit Jahren zu den Themen soziale Unsicherheit, Schüchternheit und soziale Phobie forscht, geht beispielsweise davon aus, dass schüchterne, sozial unsichere Menschen Meister der Selbstentwertung sind, sich ständig hinterfragen und mit einer Bande innerer Antreiber und Kritiker kämpfen, die sagen: »Du musst besser sein als alle anderen, sonst bist du nichts wert« oder »Du genügst nicht und die anderen werden es merken« oder »Du gehörst nicht dazu, also pass auf«. Für Hendriksen sind deshalb Selbstliebe, Selbstfürsorge und Selbstannahme, aber auch ein angemessener Umgang mit inneren kritischen Stimmen gute Ansatzpunkte, um der eigenen Unsicherheit zu begegnen und eine neue Haltung zu finden.[35] Auch in Studien wurde der Zusammenhang zwischen sozialer Angst und niedrigem Selbstwertgefühl bestätigt, zum Beispiel in einer Befragungsstudie aus dem Jahr 2021 mit 388 Teilnehmer:innen.[36] Und auch der Psychotherapeut Andreas Knuf arbeitet mit sozial ängstlichen Patienten und Patientinnen daran, sich den vermeintlich unerwünschten Gefühlen wie Unsicherheit liebevoll zuzuwenden und ihnen Raum und Schutz zu geben. Aus den Fragen »Wie behandele und bewerte ich mich selbst? Wie könnte ich mir freundlicher begegnen?« kann man Schlüsse fürs zukünftige Handeln ziehen.

HEY, ICH BIN BEI DIR

Selbstliebe und Akzeptanz sind also wie so oft ein Schlüssel, gut mit der eigenen Unsicherheit zu leben. Auch Lena Hauser hat lange versucht, sich liebevoller und annehmender zu behandeln. Eine solche Haltung von Freundlichkeit und Selbstmitgefühl kann man tatsächlich üben. Hilfe gibt es in Form verschiedener Programme, zum Beispiel Mindfulness Self Compassion (MSC), was übersetzt so viel heißt wie achtsames Selbstmitgefühl. Dieses evidenzbasierte, nicht klinische Training wurde von den Psychologen Christopher Germer und Kristin Neff entwickelt, in Deutschland forscht die Psychotherapeutin Christine Brähler zu dieser Art der selbstmitfühlenden Praxis.[37] Brähler beschreibt in ihren Büchern, wie es gelingt, allen Gefühlen, auch den nicht erwünschten oder beängstigenden, mit einer Freundlichkeit und Aufmerksamkeit zu begegnen, die man ihnen normalerweise nicht zukommen lassen würde. Dabei hilft es zum Beispiel, sich selbst zugewandte, mitfühlende Sätze zu sagen, so wie man es für einen Freund oder eine Freundin in Not tun würde. In Momenten der Unsicherheit auf einer Party kann das zum Beispiel bedeuten, innerlich zu sich zu sagen: »Ich bin bei dir, auch wenn du unsicher bist« oder »Hey, was würde dir guttun? Sag mir, wie ich dich in deiner Unsicherheit begleiten kann.« Wenn man das übt, stellt man dem zweifelnden, kritischen, ängstlichen und unsicheren inneren Anteil eine zugewandte Stimme zur Seite, einen mitfühlenden Freund oder Freundin. Diese und andere Übungen aus dem MSC-Training entfalten eine transdiagnostische Wirkung, das heißt, sie können sich lindernd bei Depression und Ängsten, bei Paarproblemen und bei Unsicherheiten im Umgang mit Kollegen, Freunden, Unbekannten auswirken.[38] Man verändert die Haltung zu sich selbst, behandelt sich weniger streng, abwertend oder ignorant – und wird dadurch fähig, anders zu denken, zu fühlen und zu handeln als vorher. Lena Hauser war dieser Lernschritt sehr wichtig. Sie hat in der Therapie geübt, in eine selbstfürsorglichere Haltung zu gehen, wenn sie sich unsicher fühlte. »Für mich war das erst mal eine Annäherung an mich selbst, daran, zu sagen: So wie du bist, bist du okay«, sagt sie.

Das klingt entlastend, oder? Vielleicht halten Sie an dieser Stelle einmal inne und überlegen für sich, ob Sie selbst auch solche fürsorglichen Sätze kennen, die Ihnen dabei helfen, in unsicheren Momenten wieder Gelassenheit zu finden, oder in Situationen, in denen der Selbstwert angekratzt wird, etwas Trost oder Halt bieten. Sätze, die alle auf das hinauslaufen, was Lena Hauser hier formuliert: »So wie du bist, bist du okay.« Was wäre ein Satz mit ähnlicher Aussage, der zu Ihnen passt und eine gewisse innere Entlastung bringt? Wenn Sie wollen, schreiben Sie ihn auf ein Post-it und kleben die Notiz an eine Stelle in Küche, Bad, Schlaf- oder Arbeitszimmer, wo Sie sie jederzeit gut sehen können.

Anfangs kann es entspannend sein und guttun, mit selbstfürsorglichen, freundlichen und sanften Gedanken einfach zu Hause zu bleiben, Tee zu trinken und es sich schön zu machen. Irgendwann geht es dann aber auch darum, die nun schon etwas erprobte mitfühlende Haltung mitzunehmen in all die sozialen Situationen, in denen man sich sonst für gewöhnlich unsicher fühlt. So hat Lena Hauser beispielsweise versucht, sich in der schwierigen Small-Talk-Phase von Partys mit einer inneren wohlwollenden Stimme zu begleiten und auch im Palaver über »viel Arbeit«, »die Kinder«, »das Wetter im Februar« gelegentlich mal zu sich selbst zurückzukehren und sich zu sagen: »Du bist unsicher, aber ich bin bei dir.« Die Stimme der fürsorglichen Freundin ist ihr also während der Party nicht von der Seite gewichen. Das habe ihr dabei geholfen, weniger im »Should I stay or should I go?«-Modus auf die Situation zu gucken, sondern flexibler zu werden. »Wenn ich merkte, dass ich es nicht mehr gut aushalte, bin ich nicht gleich getürmt, sondern hab mich kurz ins Bad verzogen, mich gesammelt, vielleicht auch mal die Handcreme der Gastgeberin ausprobiert. Oder ich bin zu einer Person gegangen, die mich und meine Lage kennt«, erzählt sie. Und wenn ein Gespräch mal schleppend lief oder unangenehm war, versuchte sie, sich zu sagen: »Okay, das ist jetzt komisch, aber kein Weltuntergang.« Eine Mischung aus Humor und Freundlichkeit bringe sie weiter, sagt sie. Sie habe mit der Zeit festgestellt, dass ihre mitfühlende innere Stimme eher nicht staatstragend-therapeutisch spricht, sondern aufmunternd-spöttisch. Neulich habe sie zum Beispiel einige Freundinnen zu sich zum Essen nach Hause eingeladen und war plötzlich total aufgeregt und ängstlich, bevor die fünf Frauen kamen. Sie habe sich dann ans Fenster gestellt und versucht, in den fürsorglichen Modus zu schalten. »Hey, ruhig, das wird alles gut werden. Das sind Freundinnen, die du ewig kennst. Du magst sie. Du willst einfach mit ihnen zusammen sein. Ihr sitzt auf dem Boden im Wohnzimmer, habt Wollsocken an, esst Nudeln mit Pesto und trinkt Wein aus Ikea-Gläsern. Niemand erwartet, dass alles super schmeckt oder irgendeinen anderen Gastgeberinnen-Krampf. Es ist genau auf diese Art gut so, wie es ist.« Dann habe sie ihrem eigenen Spiegelbild ein paar Grimassen zugezogen und die Zunge rausgestreckt. Der Abend wurde dann sehr schön. Dennoch sei es auch heute nicht immer einfach. Denn die kritische Seite, die Lena Hauser begleitet, ist sehr stark.

»Auch wenn ich davon ausgehe, dass alle Menschen gelegentlich unsicher sind, ist mir mittlerweile klar, dass nicht alle so starke Angst wie ich haben, kritisiert und abgelehnt zu werden«, sagt sie. In der Therapie beschäftigte sie sich nicht nur mit einer akzeptierenden und freundlichen Haltung, sondern auch mit eigenen kritischen, abwertenden Stimmen. Sie sei häufig erstaunt und erschrocken gewesen, dass sie sich selbst so negativ bewertet. Je mehr sie zum Beispiel versucht hat, ihre Ansprüche zu senken und die Dinge gelassen zu sehen, desto lauter und vehementer wurde die kritische Stimme; sie gab heftigen Gegenwind.

DER KRITIKER ALS KRÖTE

Fast alle psychotherapeutischen Schulen, von Systemischer Therapie über Schematherapie und Gestalttherapie bis Tiefenpsychologie, gehen mittlerweile davon aus, dass Menschen unterschiedliche innere Facetten haben, unterschiedliche Seins-Zustände erleben, in denen jeweils andere Gefühle, Gedanken, Erinnerungen und Bedürfnisse entstehen – und die das Erleben und Handeln dann stark mitprägen. Bekannt geworden ist etwa das »innere Kind«, aber auch der »innere Kritiker« oder der »innere Antreiber« haben in der populären psychologischen Ratgeberliteratur eine gewisse Berühmtheit erlangt. Eine Arbeit mit inneren Anteilen hilft dabei, sich einzelne

Seiten genauer anzuschauen, sie nach außen zu bringen, also zu »externalisieren« – und dadurch greifbarer zu machen. Man kann die inneren Anteile in einer Zeichnung festhalten oder einen Dialog mit ihnen führen, verschiedene Stühle aufstellen und in die Rolle verschiedener innerer Anteile schlüpfen. Lena Hauser hat in der Therapie ein Bild vom inneren Kritiker mit Buntstiften gezeichnet – er war für sie eine riesige, schimpfende, grüne Kröte. So seltsam das klingen mag, der innere Kritiker wird durch so eine Arbeit sichtbar, bewusst und greifbar. Gleichzeitig distanziert sie sich nun leichter von der inneren Stimme und versteht, dass diese nur ein Aspekt von vielen ist, frei nach dem Motto: Dort steht die grüne Kröte, die mich kritisiert, und hier stehe ich – und habe dazu auch noch was zu sagen. »Ich bin nicht meine innere kritische Seite«, sagt Hauser. Sie hat heute, zwei Jahre später, gelernt, die selbstfürsorgliche Seite bewusster hervorzuholen, wenn die kritische Seite zu stark wird. Dass man den inneren Kritiker nicht aus dem Kanon der Stimmen herausdrängt oder ihn durch positive Aspekte zu ersetzen versucht – die Kröte und ihre Ansichten also nicht ganz und gar verjagt –, hat gute Gründe. Zum einen hat auch die kritische Stimme eine Berechtigung, denn sie will beschützen. Außerdem legen neuropsychologische Studien heute nah, dass man innere Muster, Glaubenssätze und einmal erworbene Gedanken-, Gefühls- und Handlungspfade nicht aus dem eigenen neuronalen Netzwerk herausbekommt. Wir können negative oder ungünstige Kognitionen nicht durch positive überschreiben.[39] Wir können den kritischen Stimmen aber im Verbund einen neuen Platz geben, sie anders besetzen, ihre Lautstärke dimmen und andere innere Facetten hervorholen und stärken. Lena Hauser könnte der kritischen Kröten-Stimme zum Beispiel sagen: »Okay, ich höre dich, aber vielleicht bleibst du während der Party etwas im Hintergrund beim Büfett, da gibt es einen schönen Sessel.« Der innere Kritiker darf also dabei sein – aber nicht im Vordergrund. Und andere Aspekte, etwa die mitfühlende, fürsorgliche Seite, sind eben auch noch da.

Vielleicht werden Sie sich jetzt fragen, warum sich Lena Hauser so intensiv mit sich selbst beschäftigt hat, wo sie doch eigentlich nur Schwierigkeiten hatte, all den realen, anderen Menschen in Gruppen, auf Hochzeiten, im Meeting passend entgegenzutreten. Die Antwort liegt auf der Hand: Ein großer Teil der Bewertungsangst wird von der eigenen Selbstkritik, den eigenen Selbstzweifeln gespeist. Denn andere Menschen verhalten sich gerade im öffentlichen Kontakt manchmal wohlwollend, meistens neutral oder ein bisschen gleichgültig und selten offen ablehnend. Natürlich gibt es einzelne Fieslinge und Arroganz-Bestien, die im Kontakt soziale Scham oder Ängste flächendeckend anstoßen und jeden verunsichern. (Mir fällt gerade ein Redaktionsleiter ein, der schon beim Kennenlernen jede Person im Raum beleidigte, von »Du hast eine komische Stimme« bis »Man sieht, dass du Single bist«. Irgendwann war klar: Das macht er mit allen. Er hielt sich nicht lange auf dem Posten.) Auch wenn cholerische oder abwertende Typen existieren und echt Nerven kosten: Nicht viele Leute sind derart abwertend. In den meisten sozialen Situationen ist es bei uns Unsicheren wahrscheinlicher, dass unser eigener Hang zu Bewertung und Selbstkritik unser Erleben der anderen mitprägt. »Ich habe mich immer für eine freundliche und zugewandte Person gehalten«, sagt Lena Hauser. »Und ganz klar, ich bin zu anderen auch offen. Aber je länger ich mich mit meiner eigenen Angst vor Bewertung beschäftigte, desto häufiger habe ich festgestellt, dass ich mich selbst eben auch permanent bewerte. Und auch andere Menschen beäuge, beobachte, verurteile ich häufiger. Ich lasse die Leute das zwar nicht spüren, aber ich sehe schnell, ob jemand passend angezogen ist, sich im Gespräch verhaspelt, etwas fallen lässt und so weiter. Ich bin darauf geeicht, Fehler wahrzunehmen. Vielleicht bin ich ja manchmal selbst eine, die andere mit einem abwertenden Seitenblick verunsichert.« Zu entdecken, dass man selbst einen Teil der Kritik und Bewertung erzeugt, ist unangenehm, aber auch eine Chance – denn sich selbst kann man verändern.

SICH SELBST MEHR ZUMUTEN

Aber jetzt mal stopp! Obwohl diese Erkenntnis wertvoll für die eigene Entwicklung sein kann – eine Schuldzuweisung soll und darf das nicht werden. Schließlich suchen Unsichere ohnehin zu schnell die Verantwortung bei sich selbst. Deshalb ist es zum einen so wichtig, immer wieder zu schauen, unter welchen sozialen und gesellschaftlichen Bedingungen und unter welchen Vorzeichen die eigene Selbstkritik anspringt. Zum anderen ist es in dem Zusammenhang eine wertvolle Frage, woher eigentlich der Hang zur Bewertung kommt. Als Lena Hauser sich in der Therapie einige Stunden lang mit ihrer Biografie beschäftigte, hat sie herausgefunden, dass sie schon seit der Kindheit die Strategie verfolgt, immer perfekt zu funktionieren, um nicht abgelehnt zu werden. Ihre Eltern, die sich früh scheiden ließen, wurden nicht müde zu betonen, wie pflegeleicht ihre Tochter sei. Ständig hieß es: »Bei dir läuft es doch wie geschnitten Brot.« Oder: »Um unsere Lena machen wir uns nun wirklich keine Sorgen.« Lena Hauser hatte dadurch früh das Gefühl, keine Schwäche oder Unsicherheit zeigen zu dürfen – und hatte sie auch lange scheinbar nicht. »Ich war immer eine Superschülerin, jeder mochte mich, so in dieser Art war ich unterwegs«, sagt sie. Aber wenn etwas schieflief, spürte sie oft die Enttäuschung der Eltern, nach dem Motto: »Was, nur eine Zwei geschrieben?« Oder: »Mach es jetzt bitte nicht kompliziert, Lena.« So war sie bereits als Kind im Grundschulalter oft auf sich selbst gestellt, spürte von den Eltern eine unterschwellige Botschaft, doch bitte keinen Ärger zu machen, sonst würde der ganze Laden zusammenkrachen. Sie wolle ihre Eltern nicht schlechtreden, aber sie hatten damals vor allem die strahlende, wenig belastete Lena sehen wollen. So habe sie nie gelernt, sich mit ihren Bedürfnissen, Ängsten, Zweifeln zuzumuten – weder ihren Eltern noch anderen.

Dieses »sich zumuten« würde sie heute sehr gezielt üben. Sie versucht, nicht mehr pflegeleicht zu sein und zu funktionieren, sondern anderen neben ihren schwachen auch ihre unbequemen Seiten zu zeigen. Ihr Freund und auch ihre engsten Freunde wissen von ihren Unsicherheiten, von der Psychotherapie, von Tagen oder Wochen, in denen sie Unterstützung braucht. Sie bittet Freundinnen um Hilfe, wenn sie einen Rat oder Entlastung braucht. Nicht oft, aber immer öfter, und sie findet das entlastend. Und nicht nur das. »Wenn mir etwas nicht passt, zum Beispiel eine Verabredung in einer Woche, in der viel los ist, oder eine Hochzeit in einem anderen Land, dann sage ich jetzt von Anfang an, dass ich das nicht mitmachen möchte«, sagt Hauser. Sie sage auch im Job häufiger »Das schaffe ich nicht, tut mir leid«, wenn andere Aufgaben an sie abgeben wollen. »Mir geht es darum, mich so zu zeigen, wie ich bin, und zu riskieren, dass andere mich ablehnen könnten«, sagt sie. Kante zeigen, nicht immer nett sein, auch das hilft gegen Unsicherheit. Löwinnen-Kräfte, sozusagen.

Einfach machen: ins Gespräch kommen

Small Talk mag im Grunde keiner. Hier drei Anregungen für den ersten Kontakt und für Party Talk, die entlasten und die Mir-doch-egal-was-andere-denken-Haltung festigen:

Nur Piep sagen. Übers Wetter reden, über Fußball oder die gängige Frage stellen: »Woher kennst du eigentlich den/die Gastgeber:in?« Um ein Gespräch mit Leuten zu eröffnen, die man noch nicht kennt, ist in den ersten Minuten jede Plattitüde erlaubt. Es geht zu Beginn nicht um Inhalte. Sondern darum, dass jemand das Eis bricht und ein soziales Grundrauschen entsteht. Dieser Gedanke kann Ihnen helfen, die Ansprüche an einen passenden Gesprächseinstieg zu senken. Was denken Sie, welche banalen Themen könnten Sie einbringen?

Du bist ihnen egal. Es gibt ein paar wenige Menschen, die einen von Beginn an nicht mögen. Und es gibt ein paar wenige Menschen, die einen von Beginn an mögen und die sich sehr für einen interessieren. Den allermeisten Menschen, denen Sie begegnen, sind Sie aber latent egal. Sie machen sich schlicht keinen Gedanken über Sie. Sich das auf einer Veranstaltung oder Party in Erinnerung zu rufen, kann hilfreich sein. Wenn Sie sich zum Beispiel fragen: »Was denken wohl die anderen über mich?«, lautet die Antwort sehr wahrscheinlich: »Gar nichts.« Das zu realisieren, gibt Ihnen Freiheiten.

Mittelgut. Viele Menschen, die sich sozial unsicher fühlen, versuchen im Gespräch, jede negative Stimmung und jeden Zweifel zu verstecken. Sie würden nie sagen, dass es ihnen gerade nicht gut geht oder dass sie ein bisschen fremdeln. Probieren Sie doch einmal aus, ein bisschen mehr zu zeigen: dass nicht immer alles gut ist, sondern manches nur mittelgut. Oder dass Sie in einer neuen Situation unsicher sind. Oft entstehen so die interessanteren Gespräche.

KAPITEL DREI

»PLÖTZLICH KONNTE ICH NICHTS MEHR SAGEN«

Oder: warum zu viel Neues soziale Ängste auslösen kann

Manchmal kommen Unsicherheiten im Kontakt mit anderen scheinbar aus dem Nichts. Dann erleben Menschen, die sich bisher nur gelegentlich gehemmt fühlten, plötzlich starke Beklemmung oder sogar Panik in bestimmten Situationen: Im Meeting, in einer Krabbelgruppe mit Babys und Eltern oder im Hörsaal. Die große Unsicherheit ist, wenn man genauer hinguckt, oft damit verbunden, dass sich neue Rollen und Anforderungen häufen – und man fürchtet, sie nicht zu bewältigen. Auch wenn diese Ängste bedrohlich wirken, sind sie eine Begleiterscheinung von Veränderung – ein Zeichen dafür, dass man neue Wege geht. Hier erzählt Paulina Novak,[40] *44, von einer Lebensphase im Schleudergang zwischen beruflicher Neuorientierung und Familiengründung und wie sie in dieser Lage plötzlich panische Angst vorm Reden in Meetings entwickelte. Ihre Geschichte zeigt: Sobald klar wird, dass Unsicherheit und sogar Panikattacken durch eine Überdosis Neues ausgelöst werden können, wird es oft leichter, damit umzugehen. Und handlungsfähig zu bleiben.*

Eigentlich war sie neugierig und zuversichtlich in die Phase gestartet: Paulina Novak, zu der Zeit Mitte dreißig, war gerade mit ihrem Freund zusammengezogen und von ihrem Arbeitgeber für ein Führungskräfte-Training ausgewählt worden. Ihr Freund und sie planten außerdem, eine Familie zu gründen, und überlegten schon, wo sie in der Wohnung das Kinderzimmer einrichten könnten. Es war eine Zeit des Aufbruchs, der neuen Möglichkeiten und Fragen. »Mein Grundgefühl war eine leichte Aufregung und Stolz, weil mir vieles gut gelang«, erinnert sich die Personalerin. Sie habe Schmetterlinge im Bauch gehabt, wie bei der ersten Verliebtheit. Doch dann habe sie eine einzige Situation im Führungskräfte-Seminar aus der Bahn geworfen: In der Gruppe von etwa zwanzig Teilnehmer:innen hatte sie sich von Anfang an nicht richtig wohlgefühlt. Viele der anderen dort waren jünger, ehrgeiziger und auch ein bisschen rotziger. Während Paulina Novak im Job bisher viel mit bürokratischen Fragen und Personalentwicklung zu tun gehabt hatte, gab es in dem einjährigen Trainingsprogramm viele, die schon Führungspositionen hatten oder sich vor allem fürs Recruiting von Spitzenkräften interessierten. Sie kamen mit Superlativen und Erfolgsstorys quasi schon zur Tür herein. Paulina Novak fühlte sich im Kontakt unwohl, unerfahren, unscheinbar – und sogar fachlich unsicher. Ein unbekanntes Gefühl, denn sie bekam meistens positive Rückmeldung zu ihrer Kompetenz im Job. Am zweiten Seminarwochenende habe sie dann die Aufgabe gehabt, die Ergebnisse einer Gruppenarbeit im Plenum vorzulesen. An sich keine schwierige Aufgabe für sie. Doch beim Vorlesen versagte ihr die Stimme, sie konnte nicht mehr weitermachen, ihr Mund war wie ausgetrocknet. Sie verlor den Faden, fiel wie durch einen Tunnel, wusste nicht mehr, wo sie war und was von ihr gefordert wurde. Einen Moment lang dachte sie an einen Schlaganfall. Es war jedenfalls mehr als ein Stimmproblem. Als sie realisierte, dass alle sie anstarrten, wurde es schlimmer. Sie bekam heftiges Herzklopfen, ihr wurde heiß, sie schämte sich für den Aussetzer. Der Dozent habe gut reagiert und kommentarlos die nächste Gruppe aufgefordert, weitere Ergebnisse vorzutragen. Für Paulina war der Tag gelaufen, sie saß stumm und wie eingefroren im Seminar. Sie fühlte sich verunsichert und falsch, befürchtete, dass alle sehen könnten, dass sie hier nicht dazugehört.

Wenn man die Lage der damals 35-Jährigen von außen betrachtet, die vielen neuen Anforderungen und Vorhaben von Karriere bis Kinder im Blick hatte, dann verwundert es nicht, dass sie sich bei alldem auch mal unsicher fühlte, strauchelte oder überfordert war. Mit etwas Abstand betrachtet würde man wahrscheinlich sagen, dass ein kleiner Aussetzer in so einer Lebensphase noch kein Grund zur Sorge ist. Doch wir alle wissen: Hinterher und wenn es uns nicht selbst betrifft, sind wir immer schlauer. Steckt man dagegen mitten in der Veränderungsphase, überblickt man die vielen Baustellen gar nicht, an denen man herumwerkelt, bewegt sich einfach weiter – hat immer nur die nächste Herausforderung vor der Nase. Die Ängste scheinen dann wie aus dem Nichts zu kommen. Und doch haben sie häufig eben doch mit der Veränderungssituation zu tun. Der Systemische Psychotherapeut und Fachbuchautor Daniel Voigt ist davon überzeugt, dass Ängste, Unsicherheiten und auch Panikanfälle in sozialen Situationen oft als Nebenwirkungen von Veränderung betrachtet werden können; er spricht in seinem Buch von der Angst als »Wachstumsschmerz«, der die persönliche Entwicklung begleitet.[41] Darüber hinaus kann eine erhöhte Alarmbereitschaft in Situationen, die man noch nicht kennt, auch nützlich sein, und die Angst eine Beschützerin, die uns hilft, unsere Grenzen zu wahren. »Angst ist das wichtigste Gefühl, das wir haben, sie schützt unser Leben und hat dafür gesorgt, dass unsere steinzeitlichen Vorfahren überlebten«, schreibt Daniel Voigt in seinem lesenswerten Buch »Angst. Panik. Sorgen«. Die leichte, aber permanente Anspannung, die Paulina Novak selbst anfangs als Schmetterlinge im Bauch beschrieben hat, ist dafür da, das Neue aufmerksamer angehen zu können und kniffelige Situationen zu überstehen. Der Körper bereitet uns auf das Neue vor. Es kann jedoch irritieren, wenn man plötzlich aus heiterem Himmel eine starke körperliche Aufregung spürt und sie als nackte Angst wahrnimmt. Dann reißt die Situation plötzlich auf, man bekommt einen Einblick in die Schichten, die unter dem Alltagsleben liegen, spürt das Risiko, das immer mitschwingt, wenn man sich verändert. Es ist ein bisschen so wie bei einem Kind, das Radfahren lernt und plötzlich realisiert, dass es nicht mehr festgehalten wird – und dann vor Schreck hinfällt.

Wir könnten solche Unsicherheiten, Ängste und Panikgefühle in Veränderungsphasen als einen Teil des Prozesses sehen und begrüßen. Doch das ist natürlich leicht gesagt. Oft kommt in den bisher unvertrauten sozialen Situationen – zum Beispiel in einer unbekannten Gruppe machtbewusster Führungskräfte – eine so überraschende und massive Angst auf, dass eine nachhaltige Verunsicherung ausgelöst wird. Vor allem, wenn man sich vorher nie klargemacht hat, dass fremde Gruppen oder neue Situationen einen auch ängstigen könnten, trifft das bange Gefühl ins Mark. »Ich war total überrascht von meiner starken Angst, denn ich dachte ja, dass es mir gut geht, ich fühlte mich im Aufwind. Mit anderen Menschen in kleinen Gruppen hatte ich mich vorher auch nie lange ängstlich gefühlt. Ich wollte nicht begreifen, warum das jetzt anders sein sollte«, sagt Novak.

EIN ZEICHEN FÜR ENTWICKLUNG

Die Erkenntnis, dass Angst und Unsicherheit immer mit dabei sind, wenn man gerade im Begriff ist, etwas sehr Mutiges zu tun, muss man erst einmal an sich heranlassen. Sie wird in der Systemischen Therapie als Sichtweise und Erklärungsmöglichkeit angeboten, wenn sie zur Situation passt. »Diese Betrachtung hilft dabei, die soziale Unsicherheit nicht zu fürchten oder zu bekämpfen«, sagt etwa die Systemische Therapeutin Stefanie Richter.[42] Psychotherapeut Daniel Voigt vertritt in seinem Buch einen ähnlichen Ansatz und bietet verschiedene Möglichkeiten an, wie man die eigene Angst in bestimmten Lebensphasen und Situationen sehen und einordnen kann. Es mag anfangs gewöhnungsbedürftig sein, sich eigenmächtig und gezielt Erklärungsmuster auszusuchen, die dabei helfen, Angst anders zu sehen und einzuordnen als bisher. Wenn man unsichere Gefühle als »Anzeichen für Mut und Entwicklung« wahrnimmt oder wenn Angst als »Beschützerin der eigenen Grenzen« gesehen wird, können solche neuen Rahmenerzählungen dabei unterstützen, Gefühle handhabbar zu machen, anzunehmen und handlungsfähig zu bleiben. Diese Technik wird »Reframing« genannt und wird sowohl in der Verhaltenstherapie als auch in der Systemischen Therapie häufig genutzt.[43] Dabei geht es nicht darum, sich eine rosarote Brille aufzusetzen und die eigene Situation haltlos schönzufärben. Wichtig ist aber zu verstehen, dass es überhaupt unterschiedliche Brillen gibt, also verschiedene Betrachtungsweisen – und dass wir die Freiheit und die Wahl haben, wie wir ängstliche Phasen einordnen wollen. Probieren Sie ruhig einmal die verschiedenen Brillen aus wie beim Optiker: Gucken Sie, welche Sichtweise Ihnen eine gute Handhabbarkeit und Erleichterung erlaubt und gleichzeitig zu Ihnen passt. Paulina Novak könnte in ihrer Lage zum Beispiel zwischen folgenden Perspektiven wählen: Eine naheliegende, aber bedrohliche Sicht wäre die Reaktion: »Hilfe, die Angst kommt aus dem Nichts. Ich werde verrückt.« Oder: »Hilfe, ich verliere die Kontrolle über mein Leben.« Andere, angesichts der starken Gefühle weniger naheliegende, aber ebenso mögliche Interpretationen wären: »Diese starke Unsicherheit hat damit zu tun, dass die Situation für mich fremd ist.« Oder: »Dieser Angstmoment ist verständlich, vielleicht ist alles gerade ein bisschen zu viel.« Wichtig ist, dass man sich eine passende Rahmung in einer ruhigen Minute überlegt, wenn man gerade mit etwas Weitblick auf die eigene Unsicherheit und Angst gucken kann. Und dass man sich für eine Sicht entscheidet, die sich für einen selbst stimmig anfühlt. Auswendig gelernte Alles-wird-gut-Botschaften wirken dagegen nicht.

Die Technik kann man nicht nur im Umgang mit Emotionen anwenden. Sie hilft auch, Gegebenheiten zu akzeptieren, die man ohnehin nicht verändern kann. Simple Beispiele aus dem Alltag wären das Wetter oder der Straßenverkehr: Wenn es draußen den vierten Tag hintereinander regnet, kann man sagen: »Ich hasse diese miesen Tage, das deprimiert mich.« Steht man im Stau, kann man vor Wut ins Lenkrad beißen. Beide Bewertungen sind legitim. Wir können uns Luft machen, schimpfen, uns ärgern, mies fühlen, brummeln. Weil wir an Wetter oder Verkehrsaufkommen aber nichts ändern können, kann es hilfreich sein, es gelegentlich mit einer anderen Rahmenerzählung zu versuchen, die Lage neu zu bewerten. Wie wäre es zum Beispiel mit »Bei Regen bleibe ich gemütlich zu Hause« oder – Familienausflüge aus vergangenen Tagen lassen grüßen – »Wir sind nicht aus Zucker, wir gehen trotzdem spazieren«. Im Stau kann man sich statt »Das ist ungerecht – und all die Trottel können nicht Auto fahren« vielleicht sagen: »Dann höre ich halt Radio und nutze die Zeit für mich, um mich etwas zu entspannen.«

Natürlich gibt es Grenzen solcher Sichtweisen, manchmal passt es einfach nicht mehr. Der Knackpunkt ist, zu verstehen, dass es nie nur eine einzig wahre Sichtweise gibt, sondern dass es Sinn macht, die unterschiedlichen Bewertungsmöglichkeiten zu entdecken. Indem man sich aussucht, welche Bewertung passend und hilfreich ist, wird man flexibler und handlungsfähiger. Der Kybernetiker Heinz von Foerster, ein Denker, der in der Systemischen Therapie oft zitiert wird, hat einmal gesagt: »Handele stets so, dass die Anzahl der Wahlmöglichkeiten größer wird.« Förster nennt das den ethischen Imperativ.[44] Er gilt in Bezug auf scheinbar unlösbare Situationen und für Alltagskram wie das Wetter. Der Satz gilt aber auch für den Umgang mit Ängsten und Unsicherheit.

AUF ANGSTSPIRALEN ACHTEN

Leider wusste Paulina Novak zu Beginn ihrer unsicheren Phase nichts von Reframing oder anderen Techniken im Umgang mit starken Angstgefühlen und Unsicherheit in sozialen Situationen. Im Gegenteil. Sie hatte sich in ihrem Leben bisher nie damit beschäftigt, wie sie mit Angst umgehen könnte, hatte sich oft in einem Radius bewegt, in dem sie sich sicher fühlte. In der Schule, der Fachhochschule in ihrer Heimatstadt Göttingen, im Studium, das ihr lag, und mit ihrem Partner, den sie während der Studienzeit kennengelernt hatte. Wo immer sie hinkam, lernte sie Menschen kennen, mit denen sie sich verbinden konnte. Von dem Eindruck in der Führungskräfte-Fortbildung, mit anderen nicht mithalten zu können, und von ihrem Blackout fühlte sie sich überrumpelt. Das körperliche Gefühl der Panik und auch die Peinlichkeit vor der Gruppe – der Moment, als alle sie anstarrten – brannten sich ein.

»Ich erkannte mich selbst nicht wieder«, erinnert sich Paulina. Sie habe in den folgenden Wochen und Monaten vor allem zwei Reaktionen entwickelt: Das Gefühl, irgendwie falsch, unfähig und peinlich zu sein. Und die Befürchtung, dass so eine heftige Reaktion bald wieder auftauchen könnte. Beide Reaktionen sind typisch für eine sich entwickelnde Angst- oder Paniksymptomatik. Paulina Novak reagierte in dem Moment also so, wie es viele Menschen tun: Sie war befremdet von sich selbst – und erlebte eine Art Angst vor der Angst, befürchtete also, dass ihr ähnliche unangenehme, peinliche und bedrohliche Gefühle bald schon wieder begegnen könnten. »Es war nicht so, dass ich nach diesem Vorfall im Seminar ständig beunruhigt war. Doch im Hinterkopf kam manchmal die Sorge hoch, dass so ein Anfall auch in meinem eigenen Team bei Besprechungen auftreten könnte«, erinnert sie sich.

Und tatsächlich passierte genau das: Einige Wochen später, als sie in der vertrauten Teamrunde saß und dort die Aufteilung der Arbeitsaufträge für alle Mitarbeiter:innen zusammenfassen sollte, bekam sie wieder den trockenen Mund, ihr versagte die Stimme, sie bekam Panik. Obwohl das für sie eigentlich ein Heimspiel hätte sein können, fühlte sie sich falsch und peinlich berührt, spürte die Augen aller auf sich gerichtet und befürchtete, dass ihre Kolleg:innen sehen konnten, wie sehr sie aus der Rolle fiel und wie wenig souverän sie war. Auch dieses Erlebnis teilt Paulina mit vielen Menschen, die mit sozialer Angst oder anderen Ängsten zu tun haben, die sich bis zur Panik steigern: Wenn sie in ähnliche Situationen kommen wie die, in denen sie bereits zu einem anderen Zeitpunkt Angst gespürt haben, befürchten sie, dass es wieder passieren könnte. Sie sind dann bereits aufgeregt und ängstlich, wenn sie ein bestimmtes soziales Setting aufsuchen müssen. Ein Park, in dem man schon mal einen Panikanfall hatte. Eine Runde von Freundinnen, in der einem neulich der Schweiß ausgebrochen ist. Solche Orte und Situationen werden dann immer selbstverständlicher mit Angst verknüpft, mit Schamgefühlen, Beklommenheit und bestimmten Körperreaktionen. Oft wird die Dynamik verstärkt durch eigene Katastrophengedanken wie zum Beispiel: »Das wird schlimm werden.« Diese »sekundäre Angst« ist ein Zeichen dafür, dass sich die Angst verselbstständigt hat, immer früher auftritt oder immer irrationaler wird. Das ist keine gute Nachricht. Die gute Nachricht ist, dass man an dieser Angstspirale therapeutisch ansetzen kann – und eine panikartige Angst, die man gelernt hat, auch wieder verlernen kann.[45]

In der kognitiven Verhaltenstherapie bekommen Patient:innen mit Panikattacken psychologisches Wissen an die Hand, mit dem sie lernen, Angstmechanismen zu verstehen. Sie lernen die Angstkreisläufe kennen, sehen, was unsichere oder panische Reaktionen wahrscheinlicher macht und wodurch man selbst die Lage entschärfen kann. Zum Beispiel, indem man in Momenten von Panik die Aufmerksamkeit nicht zu sehr auf innere Körpersymptome, sondern auf die äußere Umgebung richtet – und sich zum Beispiel intensiv die Zimmerpflanze oder den Lichtschalter im Besprechungsraum anschaut. Die verhaltenstherapeutischen Angst-Modelle verdeutlichen viele Stellen, an denen man abbiegen und Einfluss nehmen kann, anders denken und handeln kann als bisher. All das ist nicht kompliziert, aber es kann eine Überforderung sein, allein mit solchen Modellen zu arbeiten und neue Verhaltensmuster einzuüben. Deshalb werde ich an dieser Stelle einen mentalen Erste-Hilfe-Kasten aufklappen: Wenn Sie sich in Paulina Novaks Schilderungen wiederfinden und in bestimmten sozialen Situationen – Meetings, Treffen mit Freundinnen im Restaurant – starke Angst erleben oder ständig fürchten, sie könnten in einer sozialen Situation Panikattacken bekommen, dann könnte es sich lohnen, zuerst nach den Gedanken zu suchen, die das Schwungrad der Angst antreiben: Welche Befürchtungen machen Sie bereits ängstlich, bevor Sie tatsächlich in eine beängstigende Situation geraten? Versuchen Sie einmal, sie durch beruhigendere »Wird-schon-irgendwie-gut-gehen«-Gedanken zu ersetzen oder die Katastrophengedanken zu entkräften. Wie das konkret klappen kann, können Sie in einer praktischen Übung im Praxis-Coaching ab Seite 175 lernen, mit der Sie einen neuen Umgang mit Angst-Kreisläufen üben. Überfordern Sie sich aber bitte nicht. Mit Ängsten, die sich immer mehr verselbstständigen, muss man nicht alleine zurechtkommen. Wenn Sie merken, dass Sie auf eigene Faust nicht weiterkommen, kann es ratsam sein, die Thematik in einer Verhaltenstherapie zu bearbeiten.

RÜCKZUG IST KEINE LÖSUNG

»Das starke Gefühl von Panik schüchtert viele Menschen verständlicherweise ein, schließlich fühlt es sich für viele an, als würden sie die Kontrolle über sich selbst verlieren. Viele haben sogar Angst zu sterben, besonders, wenn sie die körperlichen Reaktionen wie Schwindel und Herzklopfen noch nicht einordnen können«, sagt der Verhaltenstherapeut Thorsten Padberg. Er hilft in seiner Praxis deshalb Menschen mit sozialer Angst oder heller Panik dabei, zu verstehen, dass Angst zwar sehr unangenehm ist, aber nicht lebensgefährlich. Und, auch das ist wichtig, dass Angst und Panik gelegentlich vorkommen können, ohne dass irgendetwas »falsch ist« oder man »verrückt wird« – eine Befürchtung, die angesichts der Heftigkeit eines Panikanfalls verständlich und weitverbreitet ist.

»Weil die Angstanfälle so bedrohlich wirkten, haben sie mich sehr schnell geschwächt. Ich hielt mich schon nach ein paar Wochen für einen labilen und unsicheren Menschen«, sagt auch Paulina Novak. So schleppte sie sich durch die Monate: Während die Angst vor Sprechsituationen zunahm und auch auf andere berufliche Situationen übergriff, lief ihr Alltagsleben trotz allem in hohem Tempo weiter. Kein Wunder: Die Lebensphase zwischen 25 und 45 Jahren wird häufig als Rushhour des Lebens bezeichnet. Es sind die Dekaden, in denen wir stark unter Druck stehen, wenig Zeit für Regeneration haben, sehr viel Entwicklungen und Neuerungen gleichzeitig erleben. Der Politikwissenschaftler Martin Bujard und die Soziologin Ralina Panova vom Bundesinstitut für Bevölkerungsforschung belegen in einem Artikel anhand von Statistiken, dass in diesen zwei Jahrzehnten viele Lebensentscheidungen gleichzeitig fallen – Partnerwahl, Familie, beruflicher Weg, Wohnort – und dementsprechend kurze Zeit später viele unterschiedliche und neue Rollen entstehen, zwischen denen man hin- und herspringt, zum Beispiel Führungskraft, Partner:in, Elternteil, Kind der älter werdenden Eltern.[46] Das klingt stressig. Und für Paulina war es das auch. Was aber gut an der eng getakteten Lebensphase war: Paulina ließ sich trotz sozialer Ängste nicht komplett aus dem Tritt bringen. Das, was in ihrem Leben passierte, war ihr zu wichtig. Sie zog die Führungskräfte-Weiterbildung durch, allerdings blieb sie in Deckung, schloss ohne Enthusiasmus ab, wechselte fast mit niemandem mehr ein Wort. Ihr Wunsch, eine Familie zu gründen und gleichzeitig auf gute Art berufstätig zu bleiben, sei stark gewesen. Auch deshalb las sie Bücher über Panik und rief einen befreundeten Psychologen an, der ihr sagte, sie soll versuchen, die Situationen, in denen sie Angst spürt, nicht zu vermeiden. Sie erlernte Atemübungen zur Beruhigung. Außerdem weihte sie eine Lieblingskollegin ein und bat sie, im Meeting für sie einzuspringen, wenn ihr die Stimme versagen sollte. Zweimal hat sie dieses Back-up genutzt. Das Gefühl, mit ihren Problemen nicht alleine zu sein, half ihr. Und die Rückmeldung der Freundin, dass im Team gar niemand mitbekommen hat, wie holperig die Situation gewesen ist. »Ich hatte den Drang, die neue Lebensphase irgendwie hinzubekommen«, sagt Paulina. Irgendwann setzte sie auch einfach die Pille ab. Heute ist sie froh, dass ihre Unsicherheit sie nicht davon abgehalten hat, ihre Lebenspläne zu verfolgen.

Sich zurückziehen und weitermachen? Alle Menschen, die ich für diesen Text interviewt habe, konnten sich an konkrete Momente erinnern, in denen sie einen Impuls hatten, alles, was sie unsicher und ängstlich machte, konsequent zu meiden. Fast alle berichteten aber auch, dass ihnen schnell klar wurde, dass Rückzug keine Lösung ist. Von dem warnenden Bauchgefühl, dass Vermeidung eine Sackgasse ist, haben sich manche sehr schnell leiten lassen, andere brauchten einige Monate mit Fluchten und Ausflüchten, bis sie merkten, dass es so nicht weiterging. Manche haben auch über Jahre viele Situationen gemieden, die mit Unsicherheit und Angst besetzt waren. Oft halten sich die Betroffenen, die so stark vermeiden, auch selbst gar nicht für ängstlich, kommen erst nach und nach dahinter, dass sie bestimmten Emotionen so sehr ausweichen, dass ihr Aktionsradius immer begrenzter wird. Aufrüttelnd kann es dann sein, wenn man realisiert, dass viele bereichernde oder alltägliche Dinge nicht mehr möglich sind. Für Lena Hauser aus dem letzten Kapitel war es ein Wendepunkt, als sie ein Zoom-Meeting einfach heimlich unterbrach. Eine trinkfeste Barkeeperin, mit der ich während der Recherchen fürs Buch ebenfalls gesprochen habe, gestand sich nach Monaten ein, dass die zwei Drinks, die sie vor Schichtbeginn zu sich nahm, kein Genuss waren, sondern nur der Vermeidung ihrer Angst dienten – und die Selbstmedikation kaum mehr wirkte. Sie hörte auf zu trinken und stellte sich ihrer Unsicherheit. Man könnte als Faustregel formulieren: Augenblicke, in denen sich die Frage stellt, ob man eine Situation vermeiden oder dranbleiben soll, sind Chancen. Dort stellen sich Weichen, wie es mit akuter Angst vor anderen weitergehen kann. Man kann bei der nächsten Gelegenheit versuchen, anders zu handeln als bisher und wieder mehr auf die Situationen zuzugehen, die Angst machen. Wenn Sie also beim Lesen entdecken sollten, dass Sie Angstsituationen konsequent vermeiden, ist das kein Grund zum Verzweifeln, sondern eine wichtige Erkenntnis. Falls Sie davor ratlos und sprachlos stehen, gilt auch hier der Tipp, sich Hilfe zu holen.

EINFACH WEITERMACHEN

Wenn soziale Unsicherheiten plötzlich in einer Umbruchphase auftreten und sich, wie bei Paulina Novak, noch nicht über Jahre verfestigt oder verselbstständigt haben, kann es zu Beginn noch ganz gut gelingen, selbst gegen die Tendenz zu Rückzug und Vermeidung anzugehen. Dabei stellt sich die Frage: Wie kann man eine Einstellung entwickeln, in der das gelingt? Wie ist das möglich, das Alltagsleben und sogar Ziele zu verfolgen, obwohl man sich selbst als unsichere Person sieht? Der australische Psychotherapeut Russ Harris, Vertreter der Akzeptanz- und Commitment-Therapie, hat darauf eine einfache Antwort, die für den Umgang mit Unsicherheit und Angst so wichtig ist, dass ich die Passage am liebsten mit einem pinken oder neongelben Marker anstreichen würde. Also, hier ist die Sache: Russ Harris weist in seinen Büchern immer wieder darauf hin, dass Menschen, die unsicher oder ängstlich sind, sich durch die Bank mehr Selbstvertrauen wünschen. Wenn sie diese Eigenschaften hätten, so glauben sie, könnten sie alle sozialen Situationen meistern, die ihnen bisher Angst gemacht haben. Sie könnten sich endlich für einen anderen Job bewerben, eine Liebe finden, ein Haus kaufen, diese Reise mit Freundinnen nach Indonesien machen, eine Familie gründen oder ein schwieriges Gespräch mit dieser einen manipulativen Kollegin führen. Selbstvertrauen wird dann oft als eine Art Zauberkraft gesehen, die wir gezielt aufbauen müssen oder von der wir hoffen, dass sie uns zufällt, wenn unser Leben erst einmal sicherer, schöner, besser ist. Doch psychologisch betrachtet ist das ein Denkfehler. Während wir sehnsüchtig darauf warten, dass unsere Persönlichkeit stärker und wir selbstsicherer werden, rückt der Impuls, selbst zu handeln, immer weiter weg. Dieser »action gap«, also die Kluft zwischen unseren Vorstellungen, Wünschen, Befürchtungen und unserem Handeln, wird immer größer. Es ist deshalb wichtig, genau andersherum zu denken: Es geht darum, sich einen Ruck zu geben, den Graben zu überspringen und so zu handeln, wie man es sich wünscht – obwohl man dabei unsicher ist und Angst hat. Es hilft laut Russ Harris enorm weiter, mit einem bangen Gefühl im Gepäck auf eine Party oder in ein Meeting zu gehen, mit einem potenziellen Partner zu reden, ein unangenehmes Telefonat zu führen. Wenn wir trotz Angst und Unsicherheit aktiv werden, handeln und auf das zugehen, was uns wirklich wichtig ist, bauen wir nach und nach ein lebenswerteres Leben auf. Und wir finden das Vertrauen in uns, das wir uns so lange gewünscht haben. Doch das Erstaunliche ist: Wenn wir nach dieser Devise handeln, ist es oft gar nicht mehr wichtig, wie viel Selbstvertrauen wir haben. Wir tun sowieso das, was uns wichtig ist. Wenn Menschen anfangen, ihren Bedürfnissen, Wünschen und Vorstellungen nachzugehen, auch wenn sie dabei Angst und Unsicherheit spüren, verändert sich das Leben so, dass sie stabiler werden können. Man könnte dem bekannten Spruch »Geh dahin, wo die Angst ist« die Dramatik nehmen und ganz sachlich sagen: »Geh dahin, wo du hingehen willst – und nimm die Angst mit.«[47]

Hört sich das nach einer Mutprobe an, nach einem Eisbad in einem Winterfluss oder einer Übernachtung in der freien Natur? Wer solche Challenges mag und den Aufbruch aus der Komfortzone schätzt, kann es sich gern auf diese Art vorstellen. Wenn Sie allein der Gedanke daran gruselt, ins kalte Wasser zu springen oder Mikro-Abenteuer am Rand der Stadt zu bestehen, dann hilft es, sich selbst auf sanfte Weise Stützen und Kraftquellen an die Seite zu stellen, mit denen es möglich wird, ins Handeln zu kommen. Laut Psychotherapeut Russ Harris helfen uns dabei unsere Wünsche und Werte. Wenn Sie zögernd am action gap stehen und einfach nicht ins Handeln kommen, kann es wichtig sein, sich zu fragen, wofür es sich lohnt, Angst zu haben und unsicher zu sein. Was ist Ihnen so wichtig, dass Sie Angst in Kauf nehmen? Welche Werte geben Ihnen Kraft? Welche Bedürfnisse und Wünsche wollen Sie verwirklichen, auch wenn sie unsicher sind? Wenn Sie diese Fragen für sich beantworten, finden Sie häufig erste Ansätze, mit denen Sie handlungsfähiger und motivierter werden. Eine Übung dazu finden Sie im Praxis-Coaching ab Seite 175.

Für Paulina Novak war die starke Motivation, eine Familie zu gründen und eine neue Lebensphase als berufstätige Mutter zu gestalten, ein Leitstern, der ihr geholfen hat, trotz Redeangst immer wieder in die Teamsituation zu gehen, die Unsicherheit in Kauf zu nehmen. All das sei keine bewusste Entscheidung gewesen, erzählt sie im Rückblick. Sie habe alles, was damals passierte, gar nicht richtig verstanden. Auch als die Panikattacken im Team und in anderen Redesituationen seltener wurden und die Angst schneller abflachte, habe sie das anfangs gar nicht richtig registriert. Im Nachhinein könnte man sagen: Sie hat die Angst einerseits und den Wunsch, Neues zu verwirklichen, andererseits in eine Waagschale geworfen – und das Neue wog schwerer.

Wenn Paulina heute – ihre Kinder sind mittlerweile im Grundschulalter – auf diese mehrere Jahre dauernde Angstphase zurückblickt und davon erzählt, klinge das alles viel entschlossener, als sie sich damals gefühlt habe, sagt sie. Ihr Selbstbild habe sich in der Lebensphase sehr verändert. Bis heute sehe sie sich als eine Person, die in sozialen Situationen oft unsicher ist. Die Angstphase sei so prägend gewesen, dass sie ihre Definition von sich selbst verändert hat. Sie habe zwar immer gewusst, dass sie kompetent, zupackend, offen sein kann, habe aber seitdem eine weitere Facette zu ihrem Selbstbild hinzugefügt. »Heute weiß ich, dass ein Teil von mir unsicher und ängstlich ist, auch wenn ich mich auf den anderen Teil, der stark und sicher ist, verlassen kann«, sagt sie. Diese Erkenntnis empfindet sie nicht als eine Niederlage, sondern als Gewinn: Sie habe sich damit angefreundet, auch unsicher zu sein. Vor allem, wenn Neues ansteht. Das habe sie früher weit von sich gewiesen. Ihr Motto sei lange gewesen: »Ängstlich sind andere, auf mich trifft das aber nicht zu.« Sie kann mittlerweile auch besser einordnen, warum Angstgefühle für sie so lange ein No-Go waren. »Ich bin mit einer alleinerziehenden Mutter aufgewachsen, die sehr unsicher war und sich vor vielem fürchtete«, erzählt sie. Als Teenager habe sie die Angst und Schüchternheit der Mutter, einer Bürokauffrau, die als junge Frau der Liebe wegen aus Tschechien nach Deutschland gekommen war, unangenehm und peinlich gefunden. Sie habe sich selbst und ihre Schwester immer als das Gegenteil der

Mutter betrachtet. Heute sehe sie das nicht mehr so schwarz-weiß: Ihre Mutter habe auch starke und zähe Seiten, habe ihre Kinder gut ins Leben begleitet, sich in einem fremden Land zurechtgefunden. Und Paulina selbst sieht an sich eben auch ziemlich viele unsichere, ängstliche Seiten. Seltsamerweise helfe ihr das, mit Angst anders umzugehen als früher.

Das passt zu einer Beobachtung des Psychotherapeuten Daniel Voigt. Er hat in seiner Praxis oft erlebt, dass Klient:innen mit Angstthemen sich in ihrem Leben vorher als starke Persönlichkeiten erlebt haben.[48] Sie stellen in der Therapie fest, dass sie seit Jahrzehnten nach der Devise leben: »Angst ist gefährlich. Sie muss weg. Ich gehe drüber weg. Ich schaff das.« Kommen diese Menschen in Situationen, wo ihre Strategie versagt – in einer Krise oder neuen Situation –, können sie mit ihrer Angst nicht umgehen. Wer so agiert, hat oft bereits im Elternhaus gelernt, dass Angst schlimm ist oder nicht sein darf. Es kann sein, dass Eltern nie über Angst gesprochen haben, sie abgewehrt haben oder mit Sprüchen wie »Du brauchst keine Angst zu haben« oder »Sei kein Angsthase« immer wieder Signale gesetzt haben, dass bange Gefühle unerwünscht sind. Aber wie kann man Kindern beibringen, gut mit Angst oder Unsicherheiten umzugehen? Die Frage ist komplex. Grundsätzlich geht es laut Voigt aber darum, Kinder in Situationen, die Angst und Unsicherheit auslösen, zu unterstützen und ihnen die Erfahrung zu ermöglichen, dass neue Wagnisse immer beides sind – spannend und angsteinflößend. Wenn Kinder aufs Klettergerüst klettern wollen, aber etwas ängstlich sind, kann man ihnen helfen, sie bis dahin zu begleiten, wo die Lust am Klettern noch größer ist als die Angst. Die Grenze kann auf der dritten Stufe erreicht sein oder auf der ersten. So können Kinder den Stolz spüren, dass sie den ersten

Schritt gemacht haben. Und die Freude, die damit verbunden ist, etwas Neues zu machen.

Womit wir wieder beim Thema wären, dass Angst und Unsicherheit oft als Begleiterinnen von Wachstum, Entwicklung und allem Neuen auftreten. Und dass es Sinn macht, diesen Zusammenhang immer wieder mitzudenken. Paulina Novak, die anfangs noch keinen Kontakt zu ihren unsicheren Seiten hatte, konnte das nicht miteinrechnen. Sie erwartete, dass der Laden bei ihr läuft und sie funktioniert. »Wenn ich jetzt darüber nachdenke, dann hat sich für mich vor allem eins geändert: Ich bin nicht mehr so erstaunt, wenn ich mich ängstlich fühle. Und ich höre mehr darauf, was die Unsicherheit mir sagen will«, sagt Novak. Denn auch wenn sie in der Rushhour des Lebens einfach weitergerannt ist und ihr dieses Durchhaltevermögen geholfen hat, die Angstanfälle zu überwinden, so würde sie heute doch noch etwas sanfter mit sich umgehen. Durch die viele Beschäftigung mit Angst habe sie gelernt, öfter mal in sich zu gehen und sich zu fragen, was sie braucht, was ihr guttun würde, was ihr eine Situation erleichtern würde. Wie das Kind auf dem Klettergerüst nutzt sie ihre Angst jetzt auch, um die Grenzen auszuloten und zu schauen, wie viele Sprossen sie erklimmen will, wie viel Neues noch passend ist – und wann es sie überfordert. So habe sie zum Beispiel aus ihren Erlebnissen in der Führungskräfte-Fortbildung den Schluss gezogen, dass sie gern in ruhigeren Umfeldern arbeitet, in denen der Konkurrenzdruck nicht zu groß wird. Und sie hat damals auch entschieden, erst einmal keine Führungskraft zu werden, sondern noch eine Weile im vertrauten Job zu bleiben. Sie hat mit dieser Arbeitsroutine im Rücken zwei Schwangerschaften, Elternzeitphasen und Neueinstiege durchlebt und genossen, dass es alles gut ging und unkompliziert war. Nur nach der Geburt des ersten Kindes war sie noch oft unsicher. Ihr Sohn schrie viel, schlief wenig, war vor allem im ersten Lebensjahr unruhig. Auch das hat sich gegeben. Paulina Novak ist ein paar Jahre später dann doch Chefin geworden, führt jetzt ein Team mit acht Leuten. Weil sie dafür nun bereit ist, klappt das gut. Sie fühlt sich den Anforderungen gewachsen.

PS: Angst in Übergangssituationen hat oft auch damit zu tun, dass Menschen in zu vielen unbekannten Rollen gleichzeitig agieren. Wenn man versucht, zwischen Mutter- oder Vaterrolle, Chef:in, Partner:in hin- und herzuspringen, und alle Rollen auch noch recht neu sind, dann weiß man oft schlicht nicht, wie man sich verhalten, welchen Aktionsradius man ausschöpfen will. Rollenunsicherheit, das hat der Psychotherapeut Thorsten Padberg beobachtet, stößt alle Klassiker-Themen der sozialen Unsicherheit an – denn man weiß nicht, wie man anderen begegnen soll, was angemessen ist, was die anderen denken. Die Angst vor Bewertung überrollt einen dann schnell wie eine Welle. Zum Beispiel in der Pubertät: Wer noch nichts übers Begehren und Verliebtsein weiß, tappt von einer peinlichen Situation in die nächste und ist häufig überfordert. Erst mit den Jahren gibt sich die Unsicherheit. Dass wir unsere Rollen erst mal lernen müssen, gilt auch für andere Lebensphasen und Lebensübergänge. Je erfahrener Menschen dann sind, desto weniger werden in der Regel die sozialen Ängste. Im vierten Lebensjahrzehnt nimmt laut epidemiologischen Studien das Risiko ab, erstmals an einer Angststörung oder sozialen Phobie zu erkranken. Und ab dem 65. Lebensjahr sinken Unsicherheiten noch einmal deutlich.[49] Erfahrung hilft uns, sozial sicherer zu agieren. Daran können wir uns orientieren.

Einfach machen: Reflektieren hilft

Einschränkende soziale Ängste oder große Unsicherheiten tauchen manchmal unerwartet auf. Auch nach einer eher sicheren Phase können unsichere Gefühle plötzlich wiederauftauchen. In solchen Situationen lohnt es, sich folgende Fragen zur Reflexion zu stellen:

- Warum bin ich gerade jetzt so unsicher?
- Welche äußeren Umstände oder bevorstehenden Schritte könnten mich ängstigen, belasten oder verunsichern?
- Wenn die Unsicherheit mir einen Rat geben könnte, was würde sie mir sagen?
- Was habe ich davon, gerade ängstlich und unsicher zu sein? Gibt es Vorteile?
- Wie viel Stress und Belastung erlebe ich gerade? Kann es sein, dass ich überfordert bin?

Probieren Sie, alle Fragen zu beantworten, und schauen Sie, ob eine von den Antworten für Sie erhellend ist, Sie eine Erkenntnis bekommen, die Sie vorher nicht hatten. Bedenken Sie: Gerade wenn starke Unsicherheit neu auftaucht, hat sie oft mit einer Situation zu tun, in der man sich gerade befindet.

KAPITEL VIER

»ICH PASS AUF, WEIL ICH ANDERS BIN«

Oder: Tasten als Lebensmotto

Wer zu einer gesellschaftlichen Minderheit gehört, ist in vielen sozialen Situationen stärker gefordert. Allein dadurch, dass in sozialen Räumen – egal ob in der Schule, im Sportverein oder auf der Studierendenparty – oft nicht klar ist, ob und wo eigene Bedürfnisse, Erfahrungen und Sichtweisen Platz haben und wahrgenommen werden. Wer in Fragen der sexuellen Orientierung, Herkunftsgeschichte oder Sozialisation nicht das teilt, was in bestimmten Settings als Norm gilt, erlebt viel häufiger Momente der sozialen Verunsicherung, Beschämung und Ignoranz. Auch Frauen betrifft dieses Thema häufig, wenn sie auf die unsichtbaren Regeln einer von Männern dominierten Welt treffen.

Gesellschaftlich bedingte Ungleichheit führt nicht zwingend zu sozialen Ängsten, erhöht aber die Wahrscheinlichkeit für Selbstzweifel und Wut, Unsicherheiten im Kontakt und einer begründeten Angst vor Abwertung. Hier erzählt Henrik Bartens, 48-jähriger Lehrer an einer Gesamtschule in Niedersachsen, wie sich seine eigene soziale Unsicherheit entwickelt hat, was sie mit seiner Homosexualität zu tun hat – und warum seine Schüler:innen sich trotzdem manchmal durch ihn ermutigt fühlen.

Morgens um halb neun in einer Kleinstadt nahe Bremen. Ein Sonnenstreifen fällt ins Klassenzimmer auf Tische, Hefte, Plastikstühle der 10 c. Der Frühling kommt, vor dem Fenster wird alles grün. Für die Schüler:innen der Deutschklasse von Henrik Bartens[50] bedeutet die Jahreszeit aber vor allem: die Zeit vor dem mittleren Schulabschluss wird knapp. Bartens spricht mit lauter, nicht zu lauter Stimme. Es schwingt immer etwas Amüsiertes in seinem Ton mit, während er den Einsatz der indirekten Rede und später die Charakteristika einer Erzählung wiederholt. Immer wieder spricht er Jugendliche an, die sich nicht melden, fragt mal forsch, mal freundlich, hilft mit »Überleg noch mal!« oder »Jaaa, könnte man denken, aber was noch?« der Klasse auf die Sprünge. The teacher is present. Man kann deshalb nicht sagen, dass alle an seinen Lippen hängen, aber seine Wachheit und Unbedingtheit wirken. Bevor es zum Stundenende klingelt, gibt Bartens im Prüfungs-Arbeitsbuch noch mehrere Seiten an, die bis zur nächsten Stunde ausgefüllt werden sollen. Einer der 15-Jährigen sagt beim Einpacken seiner Sachen halblaut: »So viele Seiten zur indirekten Rede, Herr Bartens, das ist doch echt schwul.« Blitzschnell antwortet dieser: »Ne, so ist es nicht: Indirekte Rede ist schwer. Lehrer ist schwul.« Umstehende aus der Jungs-Clique kichern, der Angesprochene zieht den Kopf ein: Ja, ja, schon kapiert. Dann trollen sich die Jugendlichen auf den Schulhof. Für Henrik Bartens ist die Situation eine von unzähligen Richtigstellungen. Er sieht das sportlich, als einen Teil seiner Arbeit, eine Möglichkeit, Vorurteile geradezurücken – und zu sich selbst zu stehen.

Denn Henrik Bartens ist ein Lehrer, der offen damit umgeht, dass er schwul ist. Das ist bis heute auch in Deutschland selten. Der 48-Jährige unterrichtet Deutsch und Biologie, wird immer wieder zum Vertrauenslehrer gewählt, die Jugendlichen tragen ihre Sorgen, Ideen und Fragen zu ihm. Die Gespräche drehten sich auch oft um Identität, erzählt er weiter, um Fragen wie »Wer bin ich?«, »Was will ich machen?« oder »Wer sind meine Leute?«. Queere Themen würden auch manchmal wichtig, viel häufiger gehe es aber darum, Jugendliche so zu unterstützen, dass ihr Selbstvertrauen gestärkt werde. »Ich kenne viele der Themen und Emotionen, mit denen Schülerinnen und Schüler zu tun haben. Ich habe mich selbst lange mit solchen Unsicherheiten herumgeschlagen«, sagt Bartens. Obwohl er deutlich sieht, dass er sich für die Jugendlichen über das übliche Maß hinaus einsetzt, zugewandt ist und mit seiner wehrhaften Art für einige ein Vorbild ist, wundert es Bartens bis heute, wenn Schüler:innen ihn in Abschlussfeierreden lobend erwähnen und einige sich noch Jahre nach der Schulzeit melden. Er hält es außerdem für einen Glücksfall, dass er sich mit seiner ebenso einfühlsamen wie dominanten Art auch in der unruhigeren Mittelstufe behaupten kann. »Ich weiß nicht genau, wie es passiert ist, aber sie sehen mich tatsächlich als jemanden, der Autorität hat«, sagt Bartens. Gerade bei Pubertierenden in der siebten und achten Klasse sei das alles andere als selbstverständlich.

Dass der engagierte Lehrer bis heute kaum glauben kann, dass die Schüler:innen seine Zugewandtheit, Stärke und Kompetenz schätzen und er die vielen positiven Rückmeldungen herunterspielt, ist im Gespräch der erste Hinweis darauf, dass Bartens nicht immer so selbstsicher ist, wie er nach außen wirkt. Sieht man ihm dabei zu, wie er eine verschlafene Klasse durch die ersten Stunden navigiert, verliert man beinahe den roten Faden zum Thema: Moment, worüber wollten wir nachher sprechen? Über soziale Unsicherheit? Keine Ahnung, ob das wirklich zusammenpasst, bei jemandem, der so sicher vor einer Klasse steht, bei jemandem, der so offensiv und schlagfertig sein kann. Für Henrik Bartens ist das kein

Widerspruch. Er würde sich nach wie vor als unsicheren Menschen beschreiben. Sein ganzes Leben, so sein Gefühl, sei davon geprägt, dass er sich in Gruppen, sozialen Situationen und auch unter Freunden immer wieder gefragt habe: Wo ist hier mein Platz? Was wird von mir erwartet? Wie viel von meinen Gefühlen und Bedürfnissen kann ich hier zeigen? Und auch wenn er sich in der Schule und in seiner Rolle als Lehrer wohlfühlt, so begleitet ihn die Haltung der Unsicherheit bis heute – sie läuft als Grundton mit.

Doch wie kann es sein, dass jemand, der in seinem Beruf Fähigkeiten der Lehrer aus »Club der toten Dichter« und »Fack ju Göhte« zu vereinen scheint, der gut und gern redet, einen großen Freundeskreis in Bremen hat und mit festem Partner zusammenlebt, von sich sagt, dass sein ganzes Leben eine Geschichte der sozialen Angst ist? Um das zu erklären, geht Henrik Bartens in seiner Biografie zurück, in die Kindheit in einem sogenannten Problemviertel in Hamburg, mit einem Vater, der ein Angestellter war, die Mutter, eine Dänin, hat Erzieherin gelernt. Für Henrik sei schon in der Kindheit klar gewesen, dass ihm die üblichen, als männlich geltenden Gesten, die alle Jungen im Viertel abspulten, nicht zusagten. Wenn die anderen Streit anfingen, sich in den Schwitzkasten nahmen, ständig darum rangen, wer am weitesten vorne war – egal ob beim Fußballspielen, im Freibad oder auf dem Schulhof –, stand Bartens daneben. Er wünschte sich etwas anderes, zum Beispiel mehr Austausch oder Gespräch. Er war sich schon damals im Klaren, dass er anders begehrte, auch wenn er dafür noch keine Worte fand. Er verstand sich gut mit den Mädchen. Dennoch wollte er bei der Clique der gleichaltrigen Jungen dabei sein. Es gelang ihm schließlich, sich dort einen guten Platz zu schaffen.

ERST BEOBACHTER, DANN KRITIKER

»Ich habe schon zu Beginn der Grundschule gewusst, dass ich die Regeln der Gleichaltrigen nicht verstehe und da nicht mitmachen kann. Es war so, als würden alle ganz selbstverständlich Ballett tanzen – ich aber kannte die Tanzschritte nicht und würde sie auch nie lernen. Das hat mich verunsichert, denn ich wusste nicht, wie ich mich verhalten sollte. Deshalb habe ich mir schon früh gesagt: Okay, ich kann zwar nicht mittanzen, aber dafür beobachte ich die anderen.« Er sei dann zum aufmerksamen Zuschauer geworden – und rasch auch zum Kritiker. Sehr bald konnte er sagen: »Der hier hebt die Beine zu wenig, der kann sehr gut tanzen, diese hier muss aufpassen, dass sie nicht fällt.« Die Rolle am Rand der Tanzfläche machte ihn in der Gruppe zu dem, der den Durchblick hatte, der Rat und Rückmeldung gibt, neue Spiele erfindet und dadurch häufig den Ton angibt. Seine Überlegenheit konnte er halten, indem er immer distanziert und wachsam blieb. Und mit dem, was er gut konnte, ging er offensiv nach außen.

Wenn man sich gemeinsam mit Henrik an den Rand der Tanzfläche stellt, mit ihm zusammen schaut und fühlt, wird schnell deutlich, dass all das Beobachten, Bewerten und die Distanz auch viel mit Angst und Vorsicht zu tun haben, nach dem Motto »Ich passe auf, weil ich anders bin«. Damit diese Strategie, soziale Beziehungen auszuloten, dauerhaft aufgeht, braucht man eine ständige Aufmerksamkeit für alle sozialen Signale der anderen, für alle Bewertungen und Positionen in der Gruppe, braucht Selbstreflexion und Selbstkritik – zum Beispiel, indem man prüft, wie die anderen einen sehen, bewerten, erleben. All das ist ein idealer Nährboden für soziale Unsicherheit. »Ich war auf der Hut, wollte nicht, dass andere merken, wer ich bin, hatte Angst, dass sie mich nicht akzeptieren, wenn sie herausfinden würden, wie ich wirklich war«, sagt Bartens im Rückblick. Er sei in den sozialen Räumen seiner Kindheit und Jugend immer in vorauseilendem Gehorsam unterwegs gewesen, damit ihn niemand bloßstellen und beschämen konnte. Wer sich so durch Kinderfreundschaften, Schulklassen und Sportvereine bewegt, ist sich der möglichen Abwertung durch andere permanent bewusst.

ICH BRAUCHE EUCH NICHT …

»Die Gruppendynamik einzuschätzen und zu sehen, was andere wollen, war damals überlebenswichtig«, sagt Bartens weiter. Dabei sei ihm nie wirklich etwas Schlimmes passiert. Nicht in den Jungen-Cliquen einer Hamburger Hochhaussiedlung. Nicht in den Jugend- und frühen Erwachsenenjahren, in denen er sich mehr in der queeren Subkultur bewegte. Wenn er mit mehreren Schwulen unterwegs war, habe er häufiger mal Sätze gehört wie »Guck mal, da hinten, die Tunten«, aber eine ernsthafte Bedrohung, einen gewaltvollen Übergriff habe es nie gegeben. Er habe Glück gehabt. Dennoch habe er die Gewalt ja gedanklich immer vorweggenommen, befürchtete Beleidigungen und Abwertung, die ja auch nicht unwahrscheinlich waren. Seine Vorsicht habe er bis heute nicht abgelegt. Mit seiner offensiven, schlagfertigen und manchmal – außerhalb der Schule – auch überheblichen Art sorge er dafür, dass andere auf Distanz bleiben. In einem Satz würde er seine Lebenshaltung so beschreiben: »Ich bin nicht daran interessiert, an eurer Party teilzunehmen, ich finde sie doof – aber das sage ich nur, damit ihr mich nicht ausladen oder rausschmeißen könnt.« Natürlich habe er mittlerweile in nahen Beziehungen auch andere Möglichkeiten, könne ein paar wenigen Menschen, die ihm wichtig sind, offen zeigen, wie viel sie ihm bedeuten. Bis heute aber bleibe er im Zweifel schnell für sich, setze sich zur Wehr, gehe auf Abstand, verberge seine Ängste vollständig. »Der Preis dafür ist Einsamkeit«, sagt Henrik Bartens.

Dass es unter den Menschen, die unter sozialer Unsicherheit leiden, etwa 20 Prozent gibt, die extravertiert, harsch und auch zynisch-angriffslustig sein können, darüber schreibt die Psychologin Ellen Hendriksen, die sich seit Jahren in ihrer Forschung und Praxis mit sozialer Unsicherheit und Schüchternheit beschäftigt.[51] Andere Menschen im sozialen Umfeld können die Unsicherheit dann oft nicht erkennen – sie ist verborgen hinter einer großen Klappe, Distanz und oft auch Arroganz. Es ist eine Schutzstrategie, damit Bewertungen und mögliche Verletzungen abperlen wie an einer Teflonpfanne. Wenn Sie dieses Abwehrmuster auch selbst kennen, reicht es im Moment aus, sich einmal klarzumachen, dass eine Tendenz zur Flucht nach vorne und zur Überheblichkeit oft viel mehr mit sozialer Unsicherheit zu tun hat, als Sie vielleicht bisher gedacht haben. Es kann wertvoll sein, solche Schutzmuster aus der Vergangenheit bei sich selbst zu entdecken und zu verstehen, findet Psychologin Ellen Hendriksen. Denn das sei ein erster Schritt, sich selbst besser kennenzulernen, zu sich und seinen Gefühlen zu stehen. Und auszuprobieren, einmal anders zu reagieren, wenn man sich in Beziehungen mehr Nähe wünscht. Oft gibt es, wie bei Henrik Bartens, gute Gründe für das Abwehrverhalten in der eigenen Lebensgeschichte. Man möchte nicht wieder beschämt werden und tut alles, um das nicht noch mal erleben zu müssen. Die Psychotherapeutin Maren Lammers[52] erklärt in einem Hintergrundgespräch zum Umgang mit Scham, dass Menschen, die etwa von ihren Eltern hart kritisiert wurden oder die zunächst idealisiert wurden und dann als Enttäuschung galten, sich im Erwachsenenalter eine abweisende Haltung zulegen, um nicht mehr beschämt zu werden. Je massiver die früheren Abwertungen, umso konsequenter sind Abwehr und Distanzierung. Maren Lammers findet diese Reaktion verständlich. Sie arbeitet mit Patient:innen in ihrer Praxis daran, die alten Schutzmuster zu erkennen, die Gefühle von Scham anzunehmen und gut zu versorgen – und im Kontakt, wenn möglich, auch andere, offenere und vertrauensvollere Verhaltensweisen auszuprobieren.

AUF SOZIALE UMSTÄNDE ACHTEN

All das wird natürlich ungleich schwerer, wenn die Angst vor Ablehnung und Ausgrenzung vor allem gesellschaftlich bedingt und begründet ist. In der Geschichte von Henrik Bartens sind bei der Entstehung der sozialen Unsicherheit die individuellen psychologischen Faktoren nachgeordnet. Verunsicherung entstand zu einem Großteil als Folge der Sozialisation. Denn für Menschen, die zu marginalisierten Gruppen gehören, stellt sich immer wieder die Frage, wie es gelingen kann, in den sozialen Räumen zurechtzukommen, die von der Mehrheitsgesellschaft definiert werden. »Bis heute sind Schulen, Unternehmen, Jugendzentren, Sportvereine, Kirchen oder Dorffeste nicht unbedingt Orte, wo Vielfalt möglich ist. Raum für den Ausdruck unterschiedlicher sexueller Identitäten gibt es nur mit Glück«, sagt Henrik Bartens. Auch auf unterschiedliche Herkunftsgeschichten, Familienentwürfe oder besondere körperlich-seelische Verfassungen ist man in den sozialen Räumen des Mainstreams nach wie vor nicht gut eingestellt. Das fängt bei ganz praktischen Dingen an, wie beispielsweise fehlende

Rampen für Rollstuhlfahrer:innen in vielen Gebäuden oder der Unfähigkeit, Nachnamen auszusprechen, die einem fremd erscheinen. Henrik Bartens findet: »In vielen öffentlichen und sozialen Räumen fühlen sich Menschen aus marginalisierten Gruppen nach wie vor nicht gemeint oder sogar ausgegrenzt.« Ich stimme ihm zu. Einiges habe sich aber schon geändert, findet Bartens: Die Sichtbarkeit für queere Lebensentwürfe nehme zu, es gebe mehr Auseinandersetzung, Austausch und hierzulande für die queere Community mehr alternative Räume, wo man sich zeigen, treffen und offen sein kann. Das sei ein Fortschritt, ein guter Anfang. Und auch ihm ist es wichtig, in der Schule solche Räume zu bieten.

Vielleicht wissen Sie selbst auch, wie verunsichernd es sein kann, mit dem Erleben, Fühlen oder mit der eigenen Biografie nicht automatisch zur Mehrheit zu gehören. Und wie viele Vorurteile und ungerechte Strukturen Menschen entgegenschlagen, die vermeintlich nicht zur Mehrheit gehören. Es ist auch aus psychologischer Sicht wichtig, die gesellschaftlichen Dynamiken, die bestimmte Gruppen an den Rand drängen, immer wieder zu thematisieren und bewusst zu machen. Einige Aktivist:innen analysieren diese Diskriminierung durch soziale Strukturen anschaulich. So beschreibt und belegt zum Beispiel die Bestsellerautorin Tupoka Ogette in ihrem Buch »Und jetzt du …«[53], dass der strukturelle Rassismus durch uralte Vorurteile, Ausgrenzung und mangelnde Teilhabe und Chancen für Menschen of Color immer noch besteht. In einem Interview mit »Zeit Campus« sagte sie: »Wir alle sind rassistisch sozialisiert. Wir wurden in eine Welt hineingeboren, in der Rassismus bereits da war, bevor wir diese Welt betreten haben.«[54] Es geht darum, die Mechanismen bei sich selbst, in Gruppen und in der Gesellschaft zu erkennen. Oder das Buch »Musterbruch« der Psychologin

Patricia Cammarata[55]: Es ruft dazu auf, überholte oder immer noch weitverbreitete Geschlechter-Stereotype zu hinterfragen und zu verändern, zum Beispiel Familienstrukturen, in denen eine ungleiche Verteilung der Sorgearbeit zwischen Müttern und Vätern noch immer dazu führt, dass Frauen beruflich, finanziell und kulturell ins Abseits gedrängt werden. Wenn die Mehrheit nicht sehen will, was ist, und sich nicht verantwortlich fühlt, bringt das Benachteiligte oft in die Defensive – wo sie erstarren, kämpfen oder fliehen.

All das führt zu einer immensen Stressbelastung für Menschen, die zu marginalisierten Gruppen gehören. In der Gesundheitswissenschaft wird immer wieder belegt, dass es so etwas wie einen speziellen Minderheitenstress gibt, das heißt, die gemessene physiologische Stressbelastung in Untersuchungen ist zum Beispiel bei Personen of Color und aus der LGBTQ-Community oft höher als bei Vergleichsgruppen. Auch das Risiko, an einer Angsterkrankung oder Depression zu erkranken, ist oft um ein Vielfaches erhöht. Das zeigen Studien des Epidemiologen und Sozialmediziners Ilan H. Meyer, der lange als Professor an der Columbia Universität geforscht hat.[56] In Studien zum Minderheitenstress zeigt sich auch häufig, dass sich distale Stressoren – also Mikroaggressionen, Feindseligkeiten, Bedrohung – und proximale Stressoren – zum Beispiel innere Anspannung, Grübelei und Verunsicherung rund um die eigene sexuelle oder soziale Identität – zu einer hohen Stressbelastung aufsummieren, die psychische und auch einige psychosomatische Leiden begünstigt:[57] Die soziale Ungleichheit erhöht die Wahrscheinlichkeit von seelischen Belastungen. Und die Wahrscheinlichkeit, an sozialer Angst und Unsicherheit zu leiden.

Henrik Bartens ist einer, der diesen Stress immer noch spürt. Er beschreibt sich als jemanden, der schnell in einen alarmierten Zustand gerät, innerlich oft unter Spannung steht und in Gruppen sehr viel Stress empfindet. Wie viele andere Menschen, die zu marginalisierten Gruppen gehören, hat er nicht nur das Bedürfnis, sich zu schützen oder vorsichtig zu bleiben. Er hat auch den Eindruck, er müsste die sozialen Mechanismen des Mainstreams besser als andere verstehen, er müsse die Zeichen besser lesen können und besser funktionieren, müsse nach sehr guten Leistungen streben und alle Potenziale einbringen, die er hat, um anerkannt zu werden. Und trotzdem fühlt er sich weiterhin angreifbar.

Ein solches Empfinden wird in der Psychologie gern mit dem sogenannten Impostor- oder Hochstapler-Phänomen erklärt. Die beiden amerikanischen Psychologinnen Pauline Clance und Suzanne Imes entdeckten Ende der 1970er-Jahre in einer Studie, dass Frauen im akademischen universitären Milieu, die sehr viel leisteten, hervorragende Ergebnisse erzielten, zum Teil auch sehr gute Positionen bekleideten, sich selbst trotzdem stark in Zweifel zogen, ein großes Unbehagen und Unsicherheit spürten und insgeheim fürchteten, es könnte irgendwann auffliegen, dass sie in ihrer beruflichen Position im Grunde falsch sind.[58] Die Forscherinnen erklärten das starke Gefühl, eigentlich fehl am Platz zu sein, und die Tendenz, diese Unsicherheit mit Perfektionismus auszubügeln, damals vor allem familiendynamisch. Erfolgreiche Frauen seien als Kinder und Jugendliche in der Familie nicht ermutigt worden oder hätten in der Familie Rollen zugeschrieben bekommen, die nicht viel mit Erfolg zu tun hatten. Die Empfehlungen von Clance und Imes für Menschen mit Hochstapler-Gefühlen waren deshalb rein individualpsychologisch: Sie empfahlen therapeutische Gruppen, in denen Frauen lernen, sich selbstbewusster aufzustellen und Erfolgserlebnisse als persönliche Leistungen zu sehen. Die Sicht, dass Frauen in der damals noch stark männerdominierten akademischen Arbeitswelt keine guten Bedingungen vorfanden, um selbstsicher agieren zu können, wurde damals zwar von den Autorinnen angerissen, aber nicht weiterverfolgt.

Aktuelle Forschungen zum Hochstapler-Phänomen versuchen herauszufinden, welche wirksamen individuellen Hilfen es für Frauen und Männer gibt, die sich in der Arbeitswelt als Mogelpackung und »nicht gut genug« empfinden. Die Salzburger Psychologin Mirjam Zanchetta hat beispielsweise in einer Studie festgestellt, dass ein Einzelcoaching helfen kann, in dem Teilnehmer:innen lernen, sich immer wieder gezielt Feedback zu holen, Erfolge als solche zu benennen und mehr Fehlerfreundlichkeit zuzulassen. Die Gefühle der Unsicherheit oder die Angst, irgendwie falsch zu sein, reduzierten sich durch das Coaching tatsächlich.[59] Zanchetta empfiehlt auch, das Impostor-Phänomen auf keinen Fall als eine Erkrankung zu sehen, es aber durchaus ernst zu nehmen, wenn man es bei sich bemerkt.[60]

In den letzten Jahren hat das Hochstapler-Phänomen eine große Popularität erlangt. Prominente wie die amerikanische Topmanagerin Sheryl Sandberg bekennen sich dazu. Und der Schauspieler Dietmar Bär, Kommissar im Köln-Tatort, sagte in einem Interview einmal, dass er mit dem Wort Karriere nichts anfangen könne. Er würde vieles, was er erlebt hat, eher als glückliche Fügung sehen. Er sagt dort: »Kennen Sie den Gedanken ›Wann fliegt der Schwindel auf?‹? Ich habe ihn eine Weile mit mir herumgetragen. Aber je öfter ich mich mit anderen unterhielt, desto klarer wurde mir: ein Klassiker. Selbstzweifel sind weitverbreitet, selbst unter großen Schauspielern. Und sie haben auch ihr Gutes: So richtig satt, gesetzt und zufrieden wird man mit ihnen nie.«[61]

So schön es ist, dass der Schauspieler so offen über Selbstzweifel spricht und ihnen bewusst positive Seiten abgewinnt – der selbstverständliche Umgang mit dem Hochstapler-Phänomen führt auch zu einer Schieflage: Immer stärker rutscht der Fokus komplett aufs Individuelle. Einzelne Menschen kämpfen mit sich und mit ihren Unsicherheiten im Berufsleben, der Start-up-Welt oder der Kunst. Schaut man jedoch genauer hin, so sind es viel eher die Umstände in den Unternehmen, in der Öffentlichkeit und der Gesellschaft, die dazu führen, dass beispielsweise Frauen, die beruflich viel leisten, dennoch an sich zweifeln. Ähnliches gilt für Menschen mit Migrationsgeschichten, Personen of Color und solche, die aus sozioökonomischen Milieus kommen, in denen akademische Bildung selten ist oder Armut herrscht. Das kann nur eins bedeuten: Damit Menschen mit Gefühlen von Unsicherheit und Zweifeln selbstbewusster und offener umgehen können, sollten sich vor allem die äußeren Bedingungen ändern. Die Autorinnen Ruchika Tulshyan und Jodi-Ann Burey kritisieren beispielsweise in einem Artikel im »Harvard Business Manager« mit dem Titel »Hören Sie auf, Frauen Selbstzweifel einzureden« unseren bisherigen Umgang mit dem Hochstapler-Phänomen. Die beiden schreiben dort: »Die Antwort auf die Überwindung des Impostor-Syndroms besteht nicht darin, einzelne Personen zu korrigieren, sondern darin, ein Umfeld zu schaffen, das eine Vielfalt von Führungsstilen fördert.« Weiterhin wünschen die beiden sich die gleichwertige Anerkennung verschiedener ethnischer und geschlechtlicher Identitäten in der Wirtschafts- und Unternehmenswelt.[62]

Eine ähnliche Sichtweise vertritt auch Jennifer Jordan, Professorin für Führung und Organisation an der Arizona State University. In einem Artikel in »Frontiers in Psychology« stellt sie die Unsicherheiten und das Unbehagen einzelner in Unternehmen als eine »psychologische Reaktion auf einen dysfunktionalen Kontext« dar und macht konkrete Vorschläge, was sich verändern könnte.[63] Ihrer Ansicht nach sollten beispielsweise Führungskräfte wissen, dass Menschen aus marginalisierten Gruppen immer noch Vorurteilen und Abwertungen ausgesetzt sind, und darauf achten, einer systematischen Benachteiligung entgegenzuwirken. Hilfreich sei es auch, Mitarbeiter:innen klare und gezielt positive Rückmeldung zu geben und zu ermutigen, auf Diversität in der Führungsetage zu achten, sodass es im System unterschiedliche Lebenserfahrung, Sichtweisen und Rollenvorbilder gibt. Interaktion und Firmenkultur sollten so gestaltet werden, dass Unsicherheiten und Unbehagen nicht mehr hinter einer perfekten Fassade versteckt werden müssen. Wie wäre es, wenn alle in der Abteilung darüber sprechen könnten, wenn sie unsicher sind? Oder einfach um Ermutigung bitten könnten, wenn sie mal zweifeln, ob eine Präsentation gut, okay oder verbesserungswürdig war? Und warum sollte eine junge Managerin, die noch nie im Sternerestaurant gegessen hat, nicht kurz fragen, welches der vielen Bestecke denn nun für den Hauptgang gedacht ist? Wenn Unsicherheiten und Rollenunsicherheiten im Arbeitsleben einen Platz haben und nicht als Schwäche oder gar Ausschlusskriterium gesehen werden, kann das Impostor-Phänomen einpacken. Durchatmen wird dann leichter. Dabei sein auch. Für alle.

Wie sehr soziale Verunsicherung je nach Rahmenbedingungen variiert, hat auch Henrik Bartens feststellen müssen. Während er sich in der Lehrerrolle und in seiner Beziehung heute sicher fühlt und auch in seiner Kindheit einen Platz für sich finden konnte, war vor allem die Zeit an der Universität unangenehm für ihn. Er sei damals über ein Jahr lang kaum zur Vorlesung gegangen, habe einen richtigen Durchhänger gehabt. Mit Lernproblemen oder Prokrastinieren habe das nichts zu tun gehabt. »Im Nachhinein würde ich sagen, dass ich mich der sozialen Situation einfach nicht aussetzen wollte. An der Uni wird viel geflirtet und gedatet. Ich hatte keine Lust, dort immer wieder Unsicherheiten zu erleben, die entstanden, wenn ich einen Mann interessant fand, der augenscheinlich nicht schwul war«, sagt Bartens. Er habe in der Uni auch nie eine feste Clique gehabt, stand einen Tag bei dieser Gruppe, saß am anderen Tag in jener und blieb manchmal auch allein. Er wurde immer unsicherer, unscheinbarer, fahriger. Eine Dozentin habe ihn schließlich angesprochen und gefragt, was los sei. Sie gab ihm Rückmeldung, dass sie seine Verunsicherung sehe. Sie stellte Fragen und versuchte, ihn zu ermutigen. »Sie sagte mir, dass meine Art, zu denken und an akademischen Themen zu arbeiten, überzeugend sei und vollkommen ausreiche, um gut durchzukommen«, erinnert sich Bartens. Und ergänzte, dass er es sich ruhig ein bisschen leichter machen könne, nicht alles zergrübeln müsse. All das hat Bartens sich bis heute gemerkt, denn es hat geholfen. Das Interesse der Dozentin, das direkte Ansprechen der Unsicherheit, das Ermutigen, das Reinholen in die Gruppe. Zum Schluss fühlte er sich an der Uni okay. Er kam gut durch.

Und heute, möchte man sagen, muss er sich doch mitten im Leben angekommen und zufrieden fühlen. Als beliebter Lehrer, der

Vorbild ist, der den Schüler:innen hilft und das spürt, der im Kollegium integriert ist, Freunde hat. Jemand, der ganz im Sinne der Kraft der Unsicherheit sein soziales Unbehagen nicht einmal leugnet, sondern dazu nutzt, empathisch zu sein, analytisch zu sein, mit anderen in Austausch zu gehen. Doch Henrik Bartens will sich weder einen Alles-gut-Stempel aufdrücken noch ein Nie-wieder-unsicher-Zertifikat ausstellen lassen. Denn alltägliche soziale Situationen stressen ihn immer noch zutiefst. Zum Beispiel die Weihnachtsfeiern im Kollegium, wo er sich durch den Small Talk quält. Egal, ob die Gespräche der anderen um das Leben mit Kindern, die Reparaturen am Eigenheim oder aufwendige Sommerurlaubsplanungen kreisen – Bartens kommt schnell an seine Grenzen und hat das Gefühl, an gar nichts anknüpfen zu können. »Es gibt einen Schmerz, der immer da ist und bleibt. Und ich möchte ihn auch nicht wegreden. Das wäre falsch.«

»Ich verstehe das ganz gut«, sagt dazu die Systemische Therapeutin Stefanie Richter.[64] Denn es gehe auch in Beratungen und Gesprächen in ihrer Praxis oft erst einmal nicht darum, alles zu verändern oder zu verbessern. Es sei auch wichtig, den Schmerz anzuerkennen. »Verletzung und Leid wollen gesehen werden, es ist wichtig, Platz dafür zu haben«, sagt Richter. Trost, Unterstützung und Verbundenheit zu finden, sei wichtig, so Richter. Man brauche Zeugen, die sich mit daran erinnern, dass etwas schlimm war, dass etwas leidvoll war. Stefanie Richter erinnert sich in dem Zusammenhang an ein Buch, das sie gerade gelesen hat. Didier Eribons »Rückkehr nach Reims«. In dem autofiktionalen Roman spricht der französische Autor davon, wie er als schwuler Mann, der sehr viel erreicht hat und heute unter anderem als Soziologe viel Wertschätzung erfährt, dennoch immer wieder Momente erlebt, wo er an verletzenden Erfahrungen aus früheren Tagen hängen bleibt. »Jeder,

der solche Erfahrungen gemacht hat, die in den banalsten Situationen auftreten können, kennt das: Man glaubt, gegen etwas immun geworden zu sein, und wird doch urplötzlich wieder davon getroffen.«[65] Bei Henrik Bartens steht immer wieder das Fremdheitsgefühl im Mittelpunkt. Bei Eribon dominiert die Angst vor Abwertung. Eribon beschreibt etwa am Ende des Textes, dass die unzähligen Male, die er das Wort »Schwuchtel« als Schimpfwort gehört habe, ihn so nachhaltig beschämt haben, dass es für ein ganzes Leben reicht. Ganz gleich, ob es auf ihn persönlich bezogen war oder allgemein. Die Abwertung sei für ihn die Gleiche.

Heute weiß man, dass es einer der entscheidenden Faktoren bei der Entstehung von sozialer Angst und Unsicherheit ist, wenn Menschen in Kindheit und Jugend Mobbing, seelische Grausamkeit, Abwertung und Beschämung erlebt haben. Verschiedene Studien belegen das.[66] Auch in psychotherapeutischen Gesprächen schildern viele Menschen, dass die Angst vor Bewertung oft damit anfing, dass Gleichaltrige sie verspottet, ausgeschlossen oder beleidigt haben. Da gibt es die Geschichten aus dem Sportunterricht, wo gelacht wird, wenn jemand sich am Reck nicht halten kann und die anderen pöbeln: »Sie hängt da wie ein nasser Sack.« Oder man wird immer wieder damit verspottet, dass man Klamotten trägt, die anderen zu billig erscheinen. Oder einen Akzent hat. Viele Menschen haben auf Schulhöfen, in Turnhallen oder sogar zu Hause am Abendbrottisch solche Erfahrungen gemacht. Auch hier wird es leichter, wenn Betroffene sich klarmachen, dass es für ihre Unsicherheit äußere Gründe gibt. Und für Schulen, Freizeiteinrichtungen, Firmen zeigt das, wie wichtig es ist, Herabsetzung und Mobbing etwas entgegenzusetzen.

Henrik Bartens weiß, wie sehr alte Verletzungen prägen. Auch deshalb versucht er, seinen Schüler:innen einen anderen Umgang vorzuleben. Und auch seine wehrhaften Seiten zu zeigen. Neulich kam ein Oberstufenschüler in eine seiner Mittelstufenklassen gestürmt, auf der Suche nach ihm, dem Vertrauenslehrer, entdeckte Bartens im unruhigen Gewusel im Klassenraum aber nicht. Der Zwölftklässler rief laut in die Gruppe: »Verdammt, wo ist die Schwuchtel. Ich muss mit dem reden.« In dem Moment trat Bartens aus der Ecke am Materialschrank, winkte ironisch-schelmisch mit erhobener Hand und flötete überzogen: »Huhu, hier bin ich. Ich bin hier hinten, ich sortiere Spielkarten.« Der Zwölftklässler lief rot an. Er hat sich später entschuldigt. Bartens hat das von ihm gar nicht erwartet und nahm es ihm auch nicht übel. Er wollte das einfach nicht so stehen lassen. Gefreut hat er sich darüber, dass an dem Tag ein 13-Jähriger in einer Bank hinten saß, der die Szene genau beobachtet hatte und regelrecht strahlte, als Bartens die Beschimpfung so locker abwehrte. Vielleicht hilft es ihm irgendwann mal, hofft Bartens. Vielleicht wird er sich mal weniger verunsichert fühlen als ich damals. Und darum geht es ihm.

Einfach machen: Perspektive wechseln

Wir haben in diesem Kapitel gesehen: Wer marginalisiert ist, ausgeschlossen wurde, Mobbing oder Gewalt befürchtet oder erlebt hat, ist oft nachhaltig verletzt, verunsichert und neigt zu Ängsten. Es ist wichtig, dieses alte Leid anzuerkennen. Es kann aber manchmal auch guttun, die Perspektive zu wechseln und sich für die Vorstellung zu öffnen, dass jeder Mensch gelegentlich Schmerz und Leid erlebt.

Sich immer mal wieder bewusst zu machen, dass jeder leidet, ist Bestandteil des evidenzbasierten, nicht klinischen Selbstmitgefühls-Trainings Mindful Self-Compassion (MSC). Warum diese Sichtweise dort trainiert wird? Wir alle sind auch in unserer Verletzlichkeit miteinander verbunden. Um diese Sichtweise im Alltag auszuprobieren, schlägt die Psychologin Christine Brähler vor, sich in einer belebten Fußgängerzone, im U-Bahnhof, der Schlange im Supermarkt oder in einem Café einmal in Ruhe alle Menschen anzuschauen und sich vorzustellen, wie diese wohl als Kinder ausgesehen haben und was sie seitdem wohl an Freud und an Leid erlebt haben. Häufig ist es viel einfacher, als man denkt, das Kindliche in fremden Passanten zu sehen, und oft entsteht durch diese Art der Einfühlung eine gewisse Rührung und Verbundenheit.

Ganz wichtig: Wenn Sie das ablehnen oder gerade nicht in einer Phase sind, wo Sie das erfahrene Leid relativieren oder teilen wollen, ist das in Ordnung. Gehen Sie nicht über Ihre Grenze. Viele Menschen finden solche alltäglichen, meditativen Übungen aber tröstlich.

KAPITEL FÜNF

»AM SCHLIMMSTEN IST DAS SCHWITZEN«

Oder: Körpersymptome annehmen

Feuchte Hände, Erröten, Zittern. Soziale Unsicherheit ist oft von Körpersymptomen begleitet – viele erleben sie als unangenehm und bedrohlich. Oder sehen dort sogar das eigentliche Problem. »Wenn es bloß nicht so peinlich wäre, wie mein Körper reagiert, dann ginge es mir im Kontakt mit anderen besser«, lautet dann die Zusammenfassung. Die Reaktion ist verständlich. Doch zum einen ist das Körpersymptom meistens nicht die Wurzel der Schwierigkeit. Und zum anderen führt der Wunsch, die beängstigenden Körperreaktionen loswerden zu wollen, dazu, dass diese massiver werden. Entlastender wäre es, ihre Entstehung zu verstehen, einzuordnen – und anzunehmen. Damit das auch praktisch gelingt, stellt dieses Kapitel drei Menschen vor, die jeweils mit anderen Körpersymptomen in sozialen Situationen zu tun haben oder hatten. Das soll keine Parade der Peinlichkeit werden, sondern zeigen, dass wir viele sind. Und dass es gut ist, den Körper wahrzunehmen.

Die Sache mit dem Schwitzen fing bei Malte Liesenfeld während des Chemie-Studiums an. Der Bielefelder Einser-Schüler war in einer Unistadt in Bayern gelandet, kannte dort niemanden. Der 20-Jährige, eigentlich erfolgsverwöhnt, fühlte sich vor allem während der Praxisseminare im Labor unwohl. Er merkte schnell, dass er ungeschickter war als die anderen Erstsemester, hantierte nervös mit Bunsenbrenner, Reagenzglas und Zentrifuge, spürte, wie ihm heiß und schwitzig wurde. Es war ihm peinlich, wie er dort alleine stand und alle sehen konnten, dass er überfordert war. In den nächsten Wochen wurde das Schwitzen schlimmer. Zum einen, weil es ein heißer Sommer war und die Laborräume stickig waren. Zum anderen, weil der Student kaum Kontakte hatte, sich immer verklemmter fühlte, in eine Schleife der Selbstbeobachtung geriet: Ständig dachte er darüber nach, was für eine blamable Figur er machte – und hoffte, dass niemand die Schweißringe auf seinem Laborkittel bemerkte. Dass auf einem der Nachbarplätze eine Studienkollegin arbeitete, die ihm gefiel, ihn aber nicht beachtete, machte es nicht besser. Einmal tropfte der Schweiß von der Stirn auf die Arbeitsplatte. Seitdem befürchtete er, dass ihm auch in anderen Situationen der Schweiß ausbrechen könnte: in der Mensa, bei Gesprächen im Hausflur, im Bus. Malte Liesenfeld war unter Leuten nun stets in Anspannung, beobachtete sich und seinen Körper ständig. Ein Problem, das er zu Schulzeiten nie hatte. Er wunderte sich über sich selbst, konnte all das aber nicht abstellen.[67]

Über Körperreaktionen, die man nicht kontrollieren kann, redet niemand gern. Wir verschieben sie gern ins Kleingedruckte unseres Lebens, denn sie sind schambesetzt, erscheinen unangemessen. Menschen, die in sozialen Situationen leicht verunsichert sind, leiden häufig unter bestimmten Körpersymptomen. Bei manchen sind es Schwitz-Hüstel-Rotwerd-Attacken, wenn man beispielsweise eine Person trifft, die man besonders attraktiv findet. Bei anderen werden hektische Flecken oder Schweißausbrüche zu ständigen Begleitern, wann immer sie in Situationen kommen, wo andere sie beurteilen könnten. Die Angst vor Bewertung verlagert sich dann immer stärker in Richtung Körpersymptom. Die Vorstellung, dass andere einen ablehnen, weil der Körper vermeintlich peinliche Dinge tut, wird zum Hauptthema.

Das ist weitverbreitet. In vielen Gesprächen, die ich rund um dieses Buch geführt habe, landeten wir irgendwann beim Körperlichen: Eine Pressereferentin Anfang fünfzig erzählte mir beispielsweise, dass sie sich jahrelang fahrig gefühlt hat und ihr die Hände zitterten, wenn sie mit anderen essen musste. Sie fixierte sich völlig auf die Befürchtung, dass jemand das Zittern bemerken könnte, dass sie kleckern oder etwas verschütten könnte. Sie bestellte deshalb nur Sachen, die man leicht essen kann, zum Beispiel Nudeln – aber bloß keine Spaghetti. Das Trinken versuchte sie zu vermeiden. Zittern und Anspannung blieben trotzdem bestehen.[68] Andere Leute erwähnten, dass sie in sozialen Situationen unvermittelt erröten – und das richtig schlimm finden. Die Angst vorm Rotwerden ist so weit verbreitet, dass es einen Fachbegriff dafür gibt: Erytrophobie.[69] So erzählt etwa Ramona Heinze,[70] mittlerweile eine Mittzwanzigerin, in einem Artikel auf Spiegel Online, dass sie viele Jahre lang darunter litt, dass sie, auch aufgrund ihres hellen Hauttyps, schnell rot anlief. Sie schloss sich schon zu Schulzeiten gelegentlich vor Scham in der Toilette ein, war auch später permanent mit ihrer Gesichtsfarbe beschäftigt – bis sie sich dem Thema während eines Aufenthalts in einer psychiatrischen Klinik stellte.[71] In ihren Schilderungen fand ich mich selbst wieder – jahrelang wurde ich immer rot, wenn ich in banalen Situationen mit Fremden reden musste, egal ob im Café, beim Einkaufen, am Ticketschalter oder im Einwohnermeldeamt.

LAUERN, BEOBACHTEN UND BEFÜRCHTEN

Der Körper will nicht so, wie man selbst will. Diese gefühlte Hilflosigkeit ist es wohl, die beim Schwitzen, Erröten, Zittern das Unbehagen auslöst. Und auch wenn Momente, in denen jemand beim Geschäftsessen zitternd Suppe verschüttet und mit dem Reagenzglas in der Hand einen Schweißausbruch bekommt, von außen betrachtet auch der Beginn einer Slapstickkomödie sein könnten – steckt man mittendrin, ist es alles andere als witzig. Es stellt sich also die Frage, was da eigentlich los ist und wie es dazu kommt, dass Menschen, die oft unsicher sind, mit solchen Körpersymptomen zu tun haben. Am einfachsten kann man es vielleicht so erklären: Wenn wir im Kontakt mit anderen Angst haben, angestarrt oder abgelehnt zu werden, bringen wir uns mit eigenen Befürchtungen – zum Beispiel »Bestimmt mögen sie mich nicht« oder »Meine Güte, ist das peinlich, hier zu stehen« – nicht nur mental und emotional in eine ängstlich-verzagte Verfassung. Auch körperliche Angstreaktionen werden dann wahrscheinlich. Diese sind bei sozialen Ängsten klassischerweise Schwitzen, Erröten, Hitze, Zittern und so weiter. Erkennt und bewertet man diese Reaktionen des Körpers aber nicht als situationsbedingte Angst- oder Schamsymptome, sondern sieht sie als unerklärliche, unkontrollierbare Körper-Eskapaden, machen die Symptome einem schnell noch viel mehr Angst. Man konzentriert sich immer mehr darauf, lauert, beobachtet, befürchtet das Schlimmste. Diese sogenannte »erhöhte Selbstaufmerksamkeit« in Bezug auf alles Körperliche verstärkt die Symptome weiter.[72] Die Psychologin Martina Fischer-Klepsch formuliert es so: »Das Problem ist, dass genau diese Symptome, die als Folge der Angst auftreten, selbst auch wieder Angst machen.«[73] Schwitzen, Erröten oder eine brüchige Stimme rücken dann als scheinbar losgelöste Probleme in den Fokus – werden zum Chef im Ring. Dabei spielt natürlich auch eine Rolle, dass die Körperreaktionen oft unmittelbar und heftig sind und allein dadurch viel Raum einnehmen.

Dem Chemie-Studenten Malte Liesenfeld ist genau das passiert: In einer Situation, in der er nachvollziehbar unter Druck stand und unsicher war, brach ihm der Schweiß aus. So geht es unzähligen Menschen in Prüfungs- und Stresssituationen. Diese physiologischen Angst- oder Unsicherheitsreaktionen gehen nach einigen Minuten wieder vorbei. Doch Malte, der als Studienanfänger ohnehin in einer unsicheren Verfassung war, konzentrierte sich schnell komplett auf seine Körpersymptome. Die Befürchtung, irgendwo ins Schwitzen zu kommen, wo es richtig peinlich werden könnte, wurde zur selbsterfüllenden Prophezeiung – das körperliche Angstsymptom verselbstständigte sich. Eine ähnliche Dynamik kann man bei der zitternden Pressereferentin vermuten: Die Fixierung auf ihr körperliches Symptom wurde noch dadurch verstärkt, dass sie versuchte, es mit verschiedenen Verhaltensweisen, die ihr vermeintliche Sicherheit und Kontrolle vermittelten, in Schach zu halten: Was sie bestellen könnte, wann sie mal einen Schluck Wasser trinken und wo sie zwischendurch ihre Hände verstecken könnte, beschäftigten sie vollauf. Das begrenzte empfindlich ihre Kapazitäten, sich auf ein konstruktives Gespräch oder das Gegenüber einzulassen. Und auch beim weitverbreiteten Rotwerden gibt es die Fixierung aufs Symptom: Hat sich beim Bestellen im Café oder beim Bezahlen an der Supermarktkasse erst mal der Gedanke in den Vordergrund gedrängt: »Hilfe, jetzt werde ich auch noch rot«, wird es schnell schlimmer. An Small Talk oder ein paar nette Floskeln ist dann erst einmal nicht mehr zu denken. Das weiß ich aus Erfahrung.

EINEN NEUEN FOKUS FINDEN

Wenn Sie bei diesen Beschreibungen leise nicken, dann wissen Sie wahrscheinlich längst, wie unvermittelt sich der Körper bisweilen meldet. Die erste, wichtigste Frage ist deshalb: Wie kann ein konstruktiver Umgang mit solchen Körpersymptomen gelingen? Eine gute Basis ist es, sich erst einmal klarzumachen, dass es sich hier nicht um ein mysteriöses, seltsames oder abseitiges Symptom handelt, sondern um eine weitverbreitete körperliche Reaktion auf die Angst vor Bewertung. Nur hat sie sich verselbstständigt, schaukelt sich hoch und wirkt dadurch deplatziert. Wenn man die Mechanismen zerlegt und die Entstehung betrachtet, wird es leichter, Ansatzpunkte für eine Veränderung zu finden. Aus Sicht der Verhaltenstherapie ist es beispielsweise hilfreich, die Aufmerksamkeit bewusst weg von den körperlichen Symptomen zu lenken und den Fokus wieder klar nach außen, auf die soziale Situation, zu richten: Fokussieren Sie Ihre sechs bis sieben Sinne gezielt auf äußere Reize, die für die Interaktion relevant sind, zum Beispiel auf die konkreten Gesprächsthemen oder auf die Gestik, Mimik, Stimme des Gegenübers. In Verhaltens- oder Achtsamkeitstrainings wird zu Trockenübungen geraten: Es ist wichtig, sich nicht zu überfordern und zunächst in entspannten Situationen zu lernen, die Aufmerksamkeit bewusst zu lenken, zum Beispiel mithilfe von kurzen Meditationen oder anderen kleinen Übungen – und das Prinzip erst in »brenzligen« Situationen anzuwenden. Laut Psychotherapeut Ulrich Stangier ist das erklärte Ziel, die begrenzte Ressource Aufmerksamkeit wieder voll auf die soziale Situation selbst zu lenken, um dort souveräner reagieren zu können.[74]

So könnte sich Malte Liesenfeld vornehmen, sich wieder stärker auf die Versuchsaufbauten und Messwerte im Labor zu konzentrieren, selbst wenn er dabei schwitzt. Und er könnte einem Mitstudierenden, den er sympathisch findet, gelegentlich Fachfragen stellen, sich gezielt und in Kleinigkeiten Hilfe holen. Die Pressereferentin mit der Angst vorm Zittern beim Essen in Gesellschaft könnte ebenfalls üben, wieder aufmerksamer für die Gespräche und Personen am Tisch zu werden, statt alle Energie auf Sicherheitsstrategien zu verwenden, die alles nur noch verschlimmern. Und beim Rotwerden in banalen Situationen kann es manchmal helfen, die Aufmerksamkeit im Körper woandershin zu lenken – zum Beispiel in die Füße, raus aus dem Kopf, rein in die Stabilisierung. Danach, auch das ist eine persönliche Erfahrung, gelingt es oft leichter, in den Kontakt und in Gespräche zu gehen.

Aber Hand aufs Herz: Es klingt kinderleicht, die Aufmerksamkeit umzulenken. Doch so einfach ist die Umsetzung nicht. Viele Menschen stellen sich zum Beispiel die Frage, wie es überhaupt möglich ist, in belastenden sozialen Situationen besonnen zu bleiben und sich nicht von Körper- oder Peinlichkeitsempfinden überrollen zu lassen. Auch bei anderen Ängsten – zum Beispiel Agoraphobie oder Höhenangst – stellt sich die Frage, wie man in der starken Angst ein paar Inseln der Ruhe, Klarheit oder sogar Gelassenheit finden kann. Hier hilft ein Blick auf die neuropsychologischen Mechanismen, die in Angstsituationen wirksam sind. Die Traumatherapeut:innen Lydia Hantke und Hans-Joachim Görges haben ein Schema entwickelt, das sie das »Häschen-Denker-Modell« nennen.[75] Es zeigt anschaulich, dass es zwei neuronale Mechanismen gibt, deren Zusammenspiel wir im Angstfall nutzen können. Die ängstliche neuronale Aktivierung – genannt »das Häschen« – entsteht in den älteren Teilen des Gehirns, dem limbischen System und der Amygdala. Hier wird eine schnelle, instinktive Reaktion erzeugt, sie ist begleitet von Körpersymptomen wie Zittern, Erröten oder Schwitzen, die uns auf Kampf-, Flucht- oder auch Demuts-Gesten vorbereiten. Gleichzeitig sind aber auch in der Großhirnrinde neuronale Systeme verfügbar, die ein bewusstes Erleben, Wahrnehmen und Entscheiden ermöglichen. Diese als »Denker« bezeichneten Schaltkreise sind langsamer, müssen bewusst angesteuert werden, dazu bedarf es mehr Willenskraft. Doch der besonnene, lenkende Teil verschwindet nicht einfach. Selbst wenn das »Häschen« sich sehr vehement meldet, der »Denker«-Teil ist trotzdem da. Menschen mit sozialer Angst können – auch mithilfe dieses Zwei-Faktoren-Modells – lernen, dem Zusammenspiel beider Instanzen mehr zu vertrauen und den Denker in der Angstsituation bewusst zu stärken, ihm eine Stimme zu geben.

Eine Möglichkeit ist dann die bereits beschriebene Aufmerksamkeitslenkung nach außen – weg von den Angstsymptomen, hin zur Bewältigung der Situation. Ein weiterer Ansatz ist, in einer ruhigen Minute zu schauen, welche Katastrophengedanken das Schwungrad der Körperreaktionen erst richtig antreiben – und Alternativsätze zu finden. Statt Gedanken, wie »Ach, ist das peinlich« oder »Hilfe, das Schwitzen wird ja immer doller!«, kann man versuchen, sachliche, freundliche, gelassenere Gedanken zu üben, wie: »Ich merke, dass ich schwitze. Aber das ist normal und geht vorbei.« Oder: »Ach so, das kenne ich schon, das ist nur ein bisschen Angst.« Erlaubt ist hier, was ein Gefühl von Orientierung, Klarheit und Beruhigung auslöst. Welche Schritte auch immer der Denker unternimmt, wichtig ist, dass sie sich nicht gegen das Häschen richten, es also nicht eindämmen, verjagen, kaltstellen wollen. Im Gegenteil: Das Häschen darf da sein. Der Denker hilft nur dabei, dass die Situation auf eine konstruktive Weise vereinfacht und gelöst wird. Um das zu verstehen, passt ein griffiger Satz des Hypnotherapeuten

Gunther Schmidt: »Das Ängstliche muss ängstlich sein dürfen, um sich sicher zu fühlen.«[76]

DIE EIGENE VERLETZLICHKEIT ANNEHMEN

Dies sind erste Schritte, die bei akuten sozialen Ängsten und bei starken Körpersymptomen sehr sinnvoll sind. Im Umgang mit unseren Empfindungen und Emotionen lohnt es sich aber, sich noch ein bisschen grundsätzlicher mit der eigenen Verletzlichkeit zu beschäftigen, sich offener und fürsorglicher den eigenen Emotionen gegenüber zu zeigen, auch denen, die wir nicht schätzen oder sogar ablehnen. Denn die Gefühle, die hinter den Körperempfindungen von Schwitzen und Rotwerden stecken, sind häufig wertvoll und gehören zum Leben, auch wenn sie schwer auszuhalten sind. An dieser Stelle sei einmal daran erinnert, dass viele Psychotherapeut:innen heute davon ausgehen, dass soziale Unsicherheiten eher mit Emotionen von Scham und Verletzlichkeit zu tun haben als mit klassischer Angst und Panik. Der Psychotherapeut Andreas Knuf vertritt beispielsweise diese Perspektive. Auch die Systemischen Therapeut:innen Jochen Schweitzer, Christina Hunger-Schoppe, Rebecca Hilzinger und Hans Lieb weisen in ihrem Buch »Soziale Angst« darauf hin, dass Körpersymptome wie Rotwerden, Schwitzen, Zittern sehr typisch für soziale Ängste sind.[77] All diese körperlichen Reaktionen verbinden wir auch mit Scham. Die Nähe zwischen unserer Angst vor Bewertung, sozialer Unsicherheit und Scham gilt es zu verstehen, zu spüren und anzunehmen. Vielleicht schrecken Sie vor der Idee zurück. Denn allein der Gedanke daran, wie es sich anfühlt, beschämt zu sein, löst bei vielen Menschen starkes Unbehagen aus. Andere wissen spontan gar nicht, wie sie Beschämung erkennen.

Das Gefühl ist so aversiv, dass sie es sofort wegdrängen. Die Psychotherapeutin Maren Lammers, die als Erste im deutschsprachigen Raum ein Therapie-Manual zum Umgang mit Scham publiziert hat, geht davon aus, dass Schamgefühle deshalb so stark abgewehrt werden, weil sie den ganzen Körper erfassen, uns in Ohnmacht und Isolation drängen.[78] Und der Sozialwissenschaftler Stefan Marks bezeichnet Scham als das »Aschenputtel unter den Gefühlen«.[79] Wir verstecken sie in der letzten Kammer, übersehen ihre Stärke, vernachlässigen sie so sehr, dass wir sie nicht verstehen. Und müssten sie eigentlich nur mal aus dem Abseits holen. »Den Impuls, Scham abzuwehren, verstehe ich«, sagt auch Andreas Knuf. »Dennoch ist es wertvoll, die Existenz dieses Gefühls anzuerkennen, es genauer zu betrachten und gelegentlich auch zu spüren.«[80] Das gilt für alle Menschen. Besonders aber für die, bei denen sich die Schamgefühle in sozialen Situationen verselbstständigen – und sich zum Beispiel durch Körpersymptome zeigen.

Höre ich ein Seufzen? Oder Schimpfen? Oder Geräusche, wie ein Buch zuklappt? Nur Mut. Falls Sie das Wort Scham nervt, abschreckt, abturnt oder aggressiv macht, ist das in Ordnung. Nennen Sie das, worum es hier geht und was es lohnt, mehr ins Leben zu holen, dann vielleicht eher Verletzlichkeit. Die Bestsellerautorin Brené Brown, Dozentin für Sozialarbeit an der University of Houston, beschäftigt sich seit Jahren mit Scham und Verletzlichkeit, einer ihrer Ted-Talks dazu hat mittlerweile 65 Millionen Aufrufe. In einem Interview mit der Süddeutschen Zeitung sagte Brown: »Wenn ich (…) auf einer Party gefragt werde, was ich tue, und ich will mich weiter mit der Person unterhalten, antworte ich: Ich bin Verletzlichkeitsforscherin. Nach fünf Minuten vertrauen mir die Leute in der Regel ihre Lebensgeschichte an. Wenn ich keine Lust habe, mich weiter zu unterhalten, sage ich Scham-Forscherin. So wird man jemanden ganz schnell los.«[81] Was Brown hier etwas scherzhaft zusammenfasst, kann eine Brücke sein. Denken Sie daran, dass es hier darum geht, die eigene Verletzlichkeit zu sehen, zu spüren, auszuhalten und zu versorgen. Ganz egal, wie sie sich gerade äußert.

DAS IST PEINLICH – NA UND?

Nähern wir uns also gemeinsam den Körperempfindungen, den Peinlichkeits- und Schamgefühlen. Um sie zu lindern, zu verändern, einen neuen Umgang damit zu finden, gibt es eine Art Refrain, der so gut wie immer in eine gute Richtung weist: Versuchen Sie es mit Akzeptanz, Akzeptanz und Akzeptanz. Wenn wir es schaffen, dem Schwitzen, Rotwerden und anderen Cringe-Gefühlen zugewandt zu begegnen und sie anzunehmen, zum Beispiel zu sagen »Hallo Schwitzen, da bist du ja wieder. Ist okay, dass du da bist« oder »Ich fühle mich sehr unsicher, aber so ist es eben«, wird sich etwas verändern. Oder wenn wir das Gefühl der Peinlichkeit in einer eher alltäglichen Situation wirklich zulassen – zum Beispiel, wenn man sich fehl am Platz fühlt, nicht weiß, was man sagen soll – nach dem Motto: »Okay, das hier ist jetzt irgendwie peinlich. Na und?«

Wie wichtig eine Haltung des Annehmens in psychischen Krisenlagen allgemein und im Besonderen bei jeder Art von Unsicherheit ist, betonen heute Therapeut:innen aus unterschiedlichen Richtungen: So unterstreicht der Psychologieprofessor Ulrich Stangier in seinem verhaltenstherapeutisch orientierten Buch auch die besondere Rolle der Akzeptanz für den Umgang mit sozialen

Ängsten.[82] Daniel Voigt, Systemischer Therapeut, zitiert in seinem Buch über Ängste einen Merksatz von Milton Erickson: »Wenn du etwas stärken willst, bekämpfe es.«[83] Und die prominenten Vertreter:innen der Akzeptanz- und Commitment-Therapie (ACT) wie Russ Harris und Steven C. Hayes haben sich das Thema ohnehin zur Kernaufgabe gemacht: Zum einen gibt es heute wirksame Techniken, die den Prozess des Akzeptierens erleichtern. Zum anderen wurden Studien durchgeführt, die zeigen, dass das Annehmen von scheinbar unliebsamen Gefühlen, Krisen oder Enttäuschungen dazu führt, dass es uns mittelfristig besser geht.[84]

Das alles klingt erst einmal nicht fremd. Wir alle haben schon häufig gehört, dass es günstig ist, »Dinge anzunehmen« oder »einfach loszulassen«. Doch diese Forderungen stellen einen oft vor noch mehr Fragen: Wie soll es gelingen, sich angesichts eines Angst- und Schweißausbruchs zurückzulehnen und einfach zu akzeptieren? Oder wenn man sich in einer Situation bis auf die Knochen schämt, obwohl es dazu gar keinen Grund gibt? Laut dem Psychotherapeuten Andreas Knuf ist es wichtig, erst einmal zu verstehen, dass man »Akzeptanz nicht einfach willentlich herbeiführen kann. Wer sich vorstellt, dass er jetzt einfach mal die eigene Lage oder die eigenen Gefühle annimmt, kommt damit meistens nicht weit. Viele Menschen setzen sich zusätzlich unter Druck, wenn es nicht gelingt.«[85] Annehmen ist ein komplexer Prozess, der Zeit braucht. Die eigenen Emotionen sind dabei die Dreh- und Angelpunkte. Dort können wir andocken. In Situationen der sozialen Unsicherheit können wir zum Beispiel genau wahrnehmen, dass wir störbar, sensibel, verschämt, verunsichert oder verletzlich sind, und uns angewöhnen, diese Gefühle wie eine alte Freundin oder einen alten Freund zu begrüßen und ihnen erst einmal Raum zu geben.

Vereinfacht gesagt: Gefühle wollen gehört, beachtet und verstanden werden. Wenn sie da sein dürfen, dann beruhigen sie sich häufig von selbst. Das gilt vor allem für sogenannte primäre Gefühle – das sind direkte, oft starke Reaktionen in konkreten Situationen, wie Traurigkeit, Wut, Freude, Scham, Überraschung, Ekel, Angst. Der Emotionsforscher Professor Ad Vingerhoets von der Universität Tilburg und sein Team untersuchten in einer Forschungsarbeit 3000 Situationen, die Weinen auslösten, und stellten in Befragungen fest, dass gut zwei Drittel der Versuchsteilnehmer:innen nach dem Weinen erleichtert waren und besser gestimmt als vorher. Wenn sie ihre Gefühle zuließen, wurde es besser.[86] Auch wenn sich in sozialen Angstsituationen Körperempfindungen und Emotionen bereits verselbstständigt haben und »zu stark« geworden sind, kann eine akzeptierende Haltung oft helfen, Anspannung aus der Situation zu nehmen. Die Frage ist natürlich auch hier: Wie kann das klappen?

Eine kraftvolle Möglichkeit ist das Arbeiten mit Bildern und Metaphern. Mit ihnen kann man einen anderen Umgang mit Emotionen erlernen. Bekannt ist das folgende Bild von Psychotherapeut Steven C. Hayes: Sobald ein unliebsames Gefühl wie Angst, Scham oder ein Körpersymptom wie Rotwerden auftritt, soll man sich diese vorstellen wie einen Treibsandsturm, der vorbeizieht. Wenn man anfängt, dagegen anzukämpfen, strampelt und sich gegen das Gefühl wehrt, versinkt man immer tiefer im Sand. Wenn man ruhig abwartet, zieht der Treibsand vorbei. Eine andere bildliche Vorstellung ist, sich die Angst, die Scham und das Rotwerden als Monster vorzustellen, das man aber nicht bekämpft, sondern es stattdessen an die Hand nimmt. So kann man gemeinsam durch die Situation gehen – Hand in Hand mit dem Monster. Sie erinnern sich vielleicht, dass ich von diesem Bild schon in der Einleitung geschrieben habe: Es ist einfach für viele Menschen leicht verständlich und hilfreich. Wenn Ihnen diese Vorstellung aber zu kitschig ist, dann können Sie sich auch vorstellen, dass Sie ein Busfahrer oder eine Busfahrerin sind – und das Monster, also die Beschämung oder das Körpersymptom, sitzt hinten in Ihrem Bus. Das Steuer und die Kontrolle haben Sie, das Monster fläzt sich auf der Rückbank. Zur Übung »Monster im Bus« von Steven C. Hayes gibt es eine Zeichnung: Ein leicht erschrocken blickender Fahrer kutschiert tapfer eine Busladung Monster durch eine Landschaft. Das Bild löst bei belasteten Klient:innen oft ein Schmunzeln aus – und ein Gefühl, dass es so vielleicht gehen könnte. Entscheidend ist auch hier, dass die Gefühle nicht weichen, sondern einen angemessenen Platz finden.[87]

Malte Liesenfeld, der unsichere Chemiestudent, könnte das Bild des Monsters nutzen. Wenn er sich vorstellt, dass er sein Schwitzen und seine Angst, peinlich zu sein, auf die »Busfahrt« durchs Seminar mitnimmt und er sich als Fahrer durch das Gelände – den Laborraum – begreift, dann spricht er der Angst, dem Schwitzen und der Peinlichkeit eine Einladung aus, einfach mit dabei zu sein, während er am Steuer bleibt. Damit ihm die Navigation auch wirklich gelingt, würde man in der Akzeptanz- und Commitment-Therapie nach der Landkarte, also den Werten fragen, die Malte Liesenfeld für sich als Person wichtig findet. Das könnten zum Beispiel Neugier, Freude, Verbundenheit oder ähnliche sein. Mit Blick auf die eigenen Werte gibt man sich Stärke, konzentriert sich auf das, was wirklich wichtig ist. So wird es leichter, schwierige Situationen zu bestehen. Auch wenn es ein bisschen Übung braucht, können solche starken und auch humorvollen Bilder dabei helfen, anders als bisher in angstbesetzte Situationen zu gehen. Auch bei der Pressereferentin, die sich fürchtete, zu sehr zu zittern, und bei Leuten, die leicht erröten, können diese Techniken etwas verändern. Auf diese Weise wird es leichter, den unliebsamen Gefühlen eine Einladung auszusprechen: »Hey, du darfst da sein. Du kommst einfach mit.« Wie auch immer Sie diese Haltung für sich individuell entwickeln – wichtig ist, sie bewusst einnehmen zu können und annehmende Gesten parat zu haben, wenn Sie sie wirklich brauchen.

SO BIN ICH EBEN

Aber warum geht es nur mir so? Warum sind andere immer cooler, zeigen nie irgendwelche körperlichen Stress- und Betretenheitssymptome? Auf solche Fragen gibt es wenigstens zwei Antworten: Zum einen kann man sich die Zahlen zur Schüchternheit und sozialen Unsicherheit in Erinnerung rufen und sich klarmachen, dass wohl fast alle Menschen manchmal schüchtern oder beklommen sind und in Leistungssituationen oder bei Begegnungen mit anderen ins Schwitzen kommen oder im Boden versinken wollen. Dass das oft nicht spürbar ist, hat auch damit zu tun, dass viele Menschen ihre Unsicherheit im Kontakt wegdrängen und mit unterschiedlichen Sicherheitsverhaltensweisen abdämpfen. Wir haben an der Schilderung der zitternden Pressereferentin schon gesehen, dass es Leute gibt, die wenig dem Zufall überlassen und versuchen, die Angst zu kontrollieren: So bestellt diese Interviewpartnerin nur bestimmte Speisen, um nicht beim Essen zu kleckern. Andere Menschen schminken sich stark, um das Rotwerden oder hektische Flecken am Hals zu übertünchen. Leute, die viel schwitzen, kleben sich Damenbinden unter die Achseln, um den Schweiß aufzufangen. Wieder andere gehen mit einer Fassade aus Missmut, Angriffslust und Mir-doch-egal in jedes Gespräch. Oder sie ziehen sich aus bestimmten sozialen Situationen ganz raus. Ein besonders weit verbreitetes und schädliches Sicherheitsverhalten ist die Selbstmedikation mit Alkohol oder Drogen. Ich habe einige Interviews geführt, in denen Gesprächspartner:innen erzählt haben, dass sie ihre soziale Unsicherheit lange mit zwei schnellen Bieren vor dem Ausgehen betäubt haben oder sich auf Partys permanent am Weißweinglas festhielten. Wie weit verbreitet der Griff zu Rauschmitteln bei sozialen Ängsten ist, sieht man an den Komorbiditäten: Alkoholprobleme und soziale Ängste treten häufig zusammen auf. Laut einer Schweizer Studie ist bei Männern, die mit Alkoholmissbrauch zu tun haben, das Risiko, an einer sozialen Phobie zu leiden, doppelt so hoch wie in einer Vergleichsgruppe.[88] Da draußen sind also viele, die ihre Unsicherheit, Beschämung oder Körperreaktionen im sozialen Kontakt eher verbergen. Diese Strategien sind oft kontraproduktiv. So ist es laut Psychologe Ulrich Stangier für einen gesünderen Umgang mit sozialen Ängsten essenziell, Sicherheitsverhalten wegzulassen, Unsicherheit und Ängste dafür mehr auszuhalten – und zu lernen, dass nichts Schlimmes passiert, wenn man in sozialen Situationen auf Kontrollmaßnahmen verzichtet.

Wenn Sie merken, dass Sie seit Jahren Sicherheitsverhalten anwenden oder soziale Situationen ganz vermeiden, kann es hilfreich sein, sich mit den verschiedenen Vermeidungsverhalten in einer Beratung oder Therapie zu beschäftigen und sie loszulassen.

Bedenken Sie auch: Menschen unterscheiden sich in der Art, wie sie seelisch und körperlich auf Bewertungen, auf Verunsicherung, auf Angstreize oder Stress reagieren. Studien legen nahe, dass Menschen, die schnell körperliche Symptome von Angst und Unsicherheit entwickeln, eine niedrigere Reizschwelle haben, also empfindlicher und störbarer sind, schneller in Alarmbereitschaft sind.

Und aus der Stressforschung weiß man, dass Erwachsene, die in Kindheit und Jugend Vernachlässigung und Traumatisierung erlebt haben, eine andere Stressverarbeitung haben und oft stärker und anhaltender mit Anspannung reagieren als andere. Wir können die Heftigkeit und Unterschiedlichkeit der Körpersymptome, zu denen wir in unsicheren Situationen neigen, also nicht komplett beeinflussen.[89]

Es kann aber helfen, sich mit der niedrigen Reizschwelle, der Störbarkeit und den jeweiligen ziemlich unvermittelt auftretenden körperlichen Reaktionen – Schwitzen, Rotwerden, Anspannung und Zittern – anzufreunden, sie als eine Eigenart zu sehen, die zur eigenen Person dazugehört. Eine Sensibilität, eine Irritierbarkeit, die zur eigenen Persönlichkeit gehört. Die Psychologin Samia Härtling, die unter anderem zum Thema Erröten geforscht hat, drückt das so aus: »Es geht darum zu erkennen, dass Erröten nichts Außergewöhnliches ist. Manche Menschen haben eine große Nase, die sie akzeptieren müssen, andere ein Muttermal im Gesicht, und wieder andere erröten eben.«[90] Ramona Heinze, die schon mit 16 Jahren sehr unter ihrem Hang zum Erröten litt, hat genau das versucht: Noch zu Schulzeiten beschloss sie, das Rotwerden schlicht als eine Eigenschaft zu sehen. Das hatte zur Folge, dass sie offener mit dem Thema umging. Sie hat mit Freund:innen darüber gesprochen, dass sie leicht rot wird und dass sie sich damit schwertut, und in der Schule sogar ein Referat über das Thema gehalten. Für sie wurde es dadurch leichter, zu ihren körperlichen Eigenarten zu stehen. Interessanterweise meldeten ihr andere nach dem Vortragen zurück, dass sie vom Rotwerden gar nichts mitbekommen hatten.

Manchmal hilft es zusätzlich, ein Körpersymptom nicht nur anzunehmen, sondern auch ernst zu nehmen. Und sich zu fragen, warum es gerade jetzt auftaucht, was es einem sagen will. Für den Chemie-Studenten Malte Liesenfeld war dieser Ansatz hilfreich. Nachdem er sich einige Monate gequält hatte, suchte er die Hochschulambulanz auf und schilderte dort sein Leid. Der psychologische Berater fragte ihn, ob sein Schwitzen eine Bedeutung habe und warum es überhaupt aufgetreten sei. Liesenfeld entdeckte daraufhin schnell, dass er sich überfordert und alleine fühlte. Im dörflichen Vorort von Bielefeld, wo er mit drei Geschwistern aufgewachsen war, Fußball spielte, schwamm, später Teil der Schülerverwaltung war, waren seine Freunde immer da gewesen. Es hatte bisher schlicht nicht gelernt, allein und als unbeschriebenes Blatt auf andere zuzugehen. Dazu kam ein weiterer Aspekt. Sein Körpergefühl sagte ihm von Anfang an: »Das hier passt nicht. Ich will etwas anderes.« Liesenfeld fand in wenigen Gesprächen heraus, dass er mit seiner Studienwahl zu leichtfertig umgegangen war: Er hatte Chemie gewählt, weil seine Eltern, beide Landwirte, ihm rieten, etwas mit Naturwissenschaften zu machen. Einige Monate nachdem ihm klar wurde, wie wenig Chemie mit seinen persönlichen Interessen zu tun hatte, wechselte Malte das Studienfach, bewarb sich für Politikwissenschaft in Leipzig, dort studierte auch ein Freund. Seine Eltern waren vom Wechsel nicht begeistert. Er selbst merkte aber schnell, dass es besser passte. Die Schweißausbrüche verschwanden im Laufe des ersten Studienjahrs.

So leicht ist die Bedeutung von Unsicherheiten, Ängsten oder Körperempfindungen natürlich nicht immer zu bestimmen. Vor allem, wenn man den Eindruck hat, dass die Symptome schon immer da waren oder sich über Jahre aufgebaut haben. Dann kann man forschen und detektivisch fragen: »Wann fing das an?« Oder: »Wo kommt das her?« Häufig landet man dann bei Prägungen aus Kindheits- und Jugendtagen. So war es bei der zitternden Pressereferentin, die lange Zeit Angst davor hatte, in der Öffentlichkeit zu essen und zu trinken. Sie stellte in einer psychosomatischen Kur fest, dass sie schon lange mit chronischer Anspannung lebte. Sie erkannte die Gründe für ihre Angst vor Abwertung in der eigenen Biografie. Man habe ihr als Kind nicht viel zugetraut, vor allem ihr Vater habe ihr ständig signalisiert, dass sie nur wenig kann und sie sich schämen soll. Er nannte sie ungeschickt und dumm und konnte auch cholerisch werden. Es sei keine körperliche Gewalt gewesen, aber möglicherweise seelische, sagt sie. Wenn große Schreckhaftigkeit, körperliche Anspannung und Scham-Symptome wie Erröten oder Schwitzen mit belastenden biografischen Erlebnissen zu tun haben könnten, ist es wichtig, auch das zu verstehen, sich mit den erlebten Verletzungen zu beschäftigen, neue Wege zu gehen. Je nachdem, wie massiv die Belastungen der Vergangenheit sind, sollte man sich Hilfe holen. Die Pressereferentin hat das gemacht. Sie fühlt sich immer noch häufig stark angespannt, habe sich aber mehr sortiert, kenne sich nun besser. Die Klärung sei ihr aber nur möglich gewesen, weil sie das lange bestehende und absolut unsinnig erscheinende Symptom noch einmal in Ruhe und mit etwas Abstand betrachtet hat.

Malte Liesenfeld schwitzt also nicht mehr, es war eine Phase. Die Pressereferentin zittert weniger, bekommt aber eine bestimmte Anspannung nicht aus dem Körper und lernt, damit umzugehen. Und auch Ramona Heinze sagt in dem Interview über das Rotwerden: »Das passiert mir nicht mehr so oft, beziehungsweise es stört mich auch gar nicht.« Das Erröten gehört also weiter dazu. Aber sie beschäftigt sich jetzt einfach mehr mit anderen Dingen.

Einfach machen: aufs eigene Stresslevel achten

Gefühle von Angst und Unsicherheit spüren wir oft körperlich. Und eins ist klar: Je gestresster Menschen sind, je mehr Belastung und Anspannung sie gerade erleben, desto massiver sind auch die körperlichen Reaktionen. Die hier angesprochenen Körpersymptome wie Schwitzen, Rotwerden, Zittern oder Schwindel sind keine Ausnahme. Wenn diese phasenweise zunehmen oder wieder auftauchen, hilft es sehr, das eigene Stresslevel bewusst zu senken. Drei Anregungen dazu:

Pausen machen. Über den Tag verteilt regelmäßig Mikro-Pausen zu machen, jede Stunde mindestens fünf Minuten auszuruhen, kann dabei helfen, ein hohes Maß an Stress in kleinen Schritten abzubauen. Probieren Sie über drei Tage konsequent aus, jede Stunde ein paar Minuten innezuhalten. Typische Kurzpausen, die Sie machen können: sich einen Tee kochen und aus dem Fenster schauen, eine kurze Runde um den Block gehen, sich in die Kaffeeküche setzen und ein paar Gedanken aufschreiben, ins Bad gehen und sich pflegen.

Lauschen als Meditation. Die eigene Aufmerksamkeit bewusster lenken, das ist ein großes Thema in diesem Kapitel. Wenn Sie Ihre Konzentration auf bestimmte Reize fokussieren, dann üben Sie automatisch, sich von inneren Zweifeln und Katastrophengedanken loszureißen. Eine einfache Meditation hilft dabei, zu sich selbst zu kommen: Setzen Sie sich auf einen Stuhl, schließen Sie die Augen, konzentrieren Sie sich auf

Ihren Hörsinn, und versuchen Sie, drei bis fünf Geräusche in Ihrer Umgebung zu orten und zu verfolgen. Schalten Sie zwischen den verschiedenen Geräuschen hin und her, versuchen Sie, alle Facetten zu erfassen. Nach einigen Minuten öffnen Sie die Augen. Spüren Sie nach, wie Sie sich nach der Übung fühlen.

Schlafen, essen, bewegen. Auf das basale körperliche Wohlbefinden zu achten, reicht allein nicht aus, um eine seelische Krise, eine extreme Stressphase oder eine ängstliche Zeit durchzustehen. Dennoch vergessen wir oft, wie wichtig all das ist, um zur Ruhe zu kommen und im Gleichgewicht zu bleiben. Schlafen Sie möglichst mindestens 7 Stunden, essen Sie regelmäßig in Ruhe und halbwegs gesund, bewegen Sie sich jeden Tag 20 bis 30 Minuten. Auch das baut Stress ab – und senkt das Risiko für körperliche Angstreaktionen.

KAPITEL SECHS

»SCHÜCHTERN ZU SEIN, IST EINE STÄRKE«

Oder: einen passenden Lebensweg finden

Was heißt das eigentlich: die Kraft der Unsicherheit? Wie kann es eine Stärke sein, sich gehemmt statt selbstsicher zu fühlen? Es geht darum, die Stärken des eigenen Temperaments zu entdecken – und daraus einen passenden Lebensweg zu gestalten. Nicht als Trostpreis. Sondern als Entwicklungsprinzip, bei dem klar wird, dass jede Art, die Welt zu erleben, eine eigene Qualität und Vorteile hat. Damit das greifbar wird, hilft vor allem: mehr zu sich selbst zu stehen und zu beobachten, was passiert. In diesem Kapitel beschäftigen wir uns damit, die Kraft der Unsicherheit zu erkennen und zu entwickeln. Dazu erzählt die Grafikerin Nadine Cerny, die sich als sensible, schüchterne Person beschreibt, wie sie in verschiedenen Lebensphasen die Stärken genutzt hat, die durch ihre leise, zweifelnde, sozial unsichere Art entstehen. Die 52-Jährige leitet ein kleines Team von Gestaltern in einer Umweltorganisation. Sie ist froh, sich einen Ort gesucht zu haben, der zu ihr passt und an dem sie sich entfalten kann.

Wo bleiben im alltäglichen Leben, im Job und in der Öffentlichkeit eigentlich all diejenigen, die leise, schüchtern, zurückhaltend, grüblerisch und zweifelnd sind? Wie finden sie einen Platz und gute

Wege für sich? Glaubt man einem häufig im Netz geteilten Spruch, der dem Schriftsteller Charles Bukowski zugeschrieben wird, dann gibt es ein eklatantes Ungleichgewicht. Er sagt: »Das Problem dieser Welt ist, dass die intelligenten Menschen so voller Selbstzweifel und die Dummen so voller Selbstvertrauen sind«[91] und versteckt in dem Satz indirekt die Anklage, dass wir die Welt vielleicht zu sehr denen überlassen, die meinen, dass ihr Selbstvertrauen ihnen automatisch Vorfahrt gewährt. Fragt man die Grafikerin Nadine Cerny,[92] die sich häufig unsicher fühlt, nach diesem Zitat, hat sie dafür spontan nur Spott übrig: »Also das«, sagt sie und lacht, »ist ja nun wirklich platt und kitschig. Sollen die Unsicheren jetzt die Welt retten?« Wenn man mit der 52-Jährigen spricht, fällt auf, dass sie gleichzeitig meinungsstark-cool und freundlich-vorsichtig ist. Eine irre Mischung, die viel Stärke ausstrahlt. Und tatsächlich berichtet Nadine Cerny auch gleich zu Beginn des Gesprächs, dass sie sich trotz aller Unsicherheit heute wohl in ihrer Haut fühlt. Sie habe sich eine Nische gesucht, in der sie richtig ist, in der es ihr gut geht. Nur der Weg dahin war verschlungen.

Blickt sie auf die unterschiedlichen Jahrzehnte zurück, gab es neben eher ruhigen Phasen immer wieder Tiefpunkte, an denen sie sich in sozialen Situationen unsicher und unbehaglich fühlte. Es fing in der Grundschulzeit im Saarland an. In der Klasse fühlte sie sich oft ausgeschlossen und wurde gehänselt, weil sie nicht gern Sport machte, sehr gute Noten hatte, eher ruhig war und permanent malte. Außerdem machten sich einige Kinder über ihr Gewicht lustig, nannten sie pummelig oder fett. Das sei verletzend gewesen und sie habe das auch gar nicht verstanden. Da sie in der Nachbarschaft gute Freund:innen hatte, kam sie gut durch die Jahre. Dennoch war sie froh, als die Grundschule zu Ende war. »Ich denke, dass das Mobbing meine Unsicherheit verstärkt hat. Dieses Gefühl, nicht richtig zu sein, nicht zu genügen und nicht einmal zu verstehen, warum – das fand ich verstörend«, sagt Nadine Cerny. »Es ist bodenlos, so eine Art von Fat-Shaming. Aber es ist damals auch niemand eingeschritten.« Nach der Grundschule sei das schlagartig vorbei gewesen. Nadine lernte auf dem Gymnasium neue Leute kennen, begeisterte sich früh für Kunst, Design, Musik und Umweltfragen. Schon in der Mittelstufe hatte sie eine feste Clique, die sich für ökologische Themen interessierte. Ihr habe es viel Kraft gegeben, mit anderen so enge Verbindungen zu haben. »Wir waren anders, wir interessierten uns für andere Dinge. Es war dann irgendwie auch nicht mehr so wichtig, was die Leute dachten«, sagt Nadine Cerny. All das hätte ihr auch dabei geholfen, die typischen verschämten und selbstunsicheren Momente der Pubertät gut zu überstehen. Weil sie in der Schule und auch später einige enge Freund:innen hatte, konnte sie auch eine größere Krise während des Grafikstudiums meistern. »Ich war eine Weile richtig ängstlich, konnte in den Seminaren nichts sagen, wollte auch keine fremden Leute mehr treffen, auch nicht mehr mit dem Bus fahren. Es war so eine Mischung aus Panik und sozialer Unsicherheit«, sagt Cerny. Es seien aber immer Studienfreund:innen für sie ansprechbar gewesen. So kam sie über doofe Momente hinweg. »Es war diese Lebensphase Mitte zwanzig, als alle noch viel Zeit hatten. Ich konnte spontan abends anrufen und sagen, dass ich irgendwie Panik hatte. Oft kam dann eine Freundin und übernachtete bei mir.« Das habe sie ein Jahr lang immer mal wieder in Anspruch genommen, dann sei die Angst besser geworden.

Eine gewisse Unsicherheit in sozialen Bereichen begleitete sie aber weiter: ein permanenter Cringe-Faktor, wenn sie mit anderen zusammentraf – »immer mit der Angst, dass andere wollen, dass ich mich irgendwie toll und erfolgreich zeige, und ich genau so eine Art überhaupt nicht mag.« In der Zeit habe sich bei ihr auch die Überzeugung verfestigt, keine Lust auf ein perfektes oder stromlinienförmiges Leben zu haben. Sie weigerte sich zu sagen »Bei mir ist alles in Ordnung« oder »Guck mal, wie toll ich bin«. Sie arbeitete nach dem Studium bei einer alternativen Designzeitschrift, ging mit Freund:innen für Umweltschutz und gegen Atomkraft auf die Straße, malte Plakate. »Auch wenn ich mich oft wackelig und unsicher fühlte, ich habe einfach nie versucht, eine andere zu sein. Dass ich nicht besonders mutig bin, daraus habe ich nie ein Geheimnis gemacht«, sagt sie. Sie habe es schon immer als Entlastung empfunden, darüber sprechen zu können, dass nicht alles glattlief – und in einem Kreis zu sein, wo andere ebenfalls darüber sprechen, was gerade schiefläuft. Und das sei auch heute so, wo sie mit zwei Teenagerkindern und ihrem Freund in Berlin lebt, ein kleines Team in einer NGO leitet, sich weiter oft mit Freund:innen trifft. Sie habe sich diese Art zu leben selbst zusammengebastelt – wie eine Skizze des Lebens, in die sie als unsichere Person bestens reinpasst.

ZU SICH SELBST STEHEN

Der Umgang von Nadine Cerny mit ihren Zweifeln und ihrer Zurückhaltung hat eine Besonderheit: Sie hat nicht versucht, stärker, besser, sicherer zu werden – sondern hat von Anfang an probiert, mit ihrer leicht ängstlichen und störbaren Art zu leben. Gleichzeitig hat sie ihre Stärken und ihr Können eingesetzt, um ihr Leben zu meistern. Schon in der schwierigen Grundschulzeit hat sie ihre Fähigkeit entdeckt, verlässliche Freundschaften aufzubauen – die übrigens viele Menschen mit sozialen Unsicherheiten haben, weil sie sehr aufmerksam und empathisch sind. Auch das Talent, Dinge geschmackssicher zu gestalten, hat sie von Anfang an ernst genommen, sich Gleichgesinnte gesucht, mit denen sie in kulturellen, politischen Fragen auf einer Wellenlänge lag. Und da ist noch was: Sie hat sich immer auch für übergeordnete Belange eingesetzt, zum Beispiel für den Umweltschutz. Der Psychotherapeut Thorsten Padberg, dem ich einige der Strategien von Nadine Cerny schildere, findet diese Art des Umgangs mit sozialer Unsicherheit konstruktiv, klug und ermutigend. Wie gut, die eigenen Stärken zu kennen und mit ihnen das Leben zu gestalten, auch wenn man sich dabei manchmal unsicher fühlt. Das wäre viel sinnvoller, als erst mal daran zu arbeiten, mehr Selbstbewusstsein aufzubauen. »Wenn Menschen ihre Therapieziele nennen, dann steht der Wunsch, selbstsicherer zu werden, ganz oben auf der Liste«, erzählt Padberg. Der Verhaltenstherapeut fragt Patient:innen dann oft, woran sie im Alltag merken würden, dass sie mehr Selbstbewusstsein haben, was dann anders wäre, was sie tun oder lassen würden. Viele schildern in solchen Gesprächen, dass sie mehr als bisher zu sich und ihren Bedürfnissen, Stärken und Eigenarten stehen würden: Einige schildern den Wunsch, mit dem Chef oder der Chefin zu sprechen und darauf hinzuweisen, was sie wirklich gut können, oder sich für anspruchsvolle, interessante Aufgaben zu melden. Andere sprechen davon, dem Partner, der Partnerin, den oder die sie wirklich toll finden, offener zu zeigen, wie gern sie ihn oder sie haben. Oder bei Freund:innen deutlicher Nein zu sagen, wenn sie sich überfordert fühlen. Einige wollen auch ganz schlicht einen Sport, eine Gruppenreise oder eine Dating-Plattform ausprobieren. Wünscht man sich, selbstbewusster zu sein, dann hat das also meistens damit zu tun, dass man mehr als bisher zu sich stehen will und mutiger zeigen will, was einem wichtig ist, was man kann. Thorsten Padberg schlägt dann oft vor, in passenden, kleinen Schritten damit anzufangen, die Dinge zu tun und zu sagen, die einem wichtig sind – und genau dadurch mehr als bisher zu sich zu stehen. »Natürlich kostet es trotzdem Überwindung und Kraft, aber in einer Therapie kann man daran arbeiten und darin unterstützen, dass diese Schritte möglich werden«, sagt Padberg.

Auch wenn sich das für Sie vielleicht wie ein Salto rückwärts anhört: Es geht darum, sich als unsichere Person *mit* dieser Eigenart und diesem Temperament weiterzuentwickeln – und *mit* allem, was man ist und fühlt, in Kontakt zu bleiben. Gerade in Bezug auf die Angst, abgelehnt zu werden, ist es laut der Psychologin und Wissenschaftlerin Ellen Hendriksen der Königsweg, daran zu arbeiten, zu sich selbst zu stehen, wie man eben ist. In ihrem Buch »How to be yourself« beschreibt sie, wie befreiend es für all jene ist, die zurückhaltend, ängstlich und unsicher sind, so auch sein zu dürfen. Sie schreibt: »Wenn es eine Sache gibt, die ich tief in meinem Herzen weiß, dann, dass an dir nichts falsch ist. Ich wiederhole, nichts ist falsch an dir, auch wenn du glaubst, du bist die einzige Person, auf die dieser Satz nicht zutrifft.«[93] Es ist okay, auf einer Party Hände zu schütteln und dabei nervös zu sein. Es ist okay, in einer Gruppe etwas auf seine eigene, zweifelnde Art zu sagen. Es ist bereichernd, mit vertrauten Freund:innen zusammen zu sein und sich so zu geben, wie man ist. Das klingt erst mal schön und entlastend. Die Frage ist natürlich trotzdem, wie das gelingen kann.

Anhand der Biografie von Nadine Cerny kann man sehen, dass es ein Gamechanger ist, zur Unsicherheit zu stehen und sich gleichzeitig auf all das zu konzentrieren, was man gut kann, was einen ausmacht, was man ohnehin als Stärke mitbringt. Die Leidenschaft, zu malen und zu gestalten, der Wunsch, die Natur zu schützen, ein

Herz und Händchen für Freundschaften, die Affinität für alles, was nicht ganz so gradlinig ist, all das sind Stärken, die Nadine Cerny schon in ihrer Jugend intuitiv genutzt hat. Und wenn man genauer hinschaut, sind das vielleicht nicht einmal Stärken, die Cerny *trotz* ihrer unsicheren Art hat, sondern die sie hat, *weil* sie eine Person ist, die eher zurückhaltend und schüchtern ist. Denn davon gibt es einige. Falls Sie sich gerade selbst fragen, was Sie tun können, um mehr zu sich zu stehen, lohnt es sich, einmal ganz pragmatisch zu überlegen, welche Fähigkeiten, Eigenheiten und Stärken Sie haben, mit denen Sie Ihr Leben gut gestalten können. Entdecken Sie auch die Ressourcen, die Sie haben, weil sie unsicher im Kontakt oder leicht peinlich berührt sind. Haben Sie schon Stärken gefunden? Erste Ideen dazu? Genau die gilt es nach vorne zu holen und ernst zu nehmen.

Oft führt die eigene Neigung zur Schüchternheit auch dazu, dass man sich wie Nadine Cerny bewusst Freund:innen sucht, die ähnlich ticken. Oder man wählt für eine feste Beziehung eine Person aus, der man vertraut, mit der es eine Offenheit gibt, sodass man sich für seine Schwächen nicht schämt. Ein Klient, der mein Coaching besuchte und sich selbst als unsicher bezeichnete, beschrieb das einmal so: »Ich habe sehr unterschiedliche Freunde, laute und leise, stolze und bescheidene, wilde und brave. Aber eins haben alle gemeinsam: Sie sind im Großen und Ganzen harmlos.« Ein gutes Auswahlkriterium für Schüchterne, denn so lädt man sich vor allem die Menschen in den Nahbereich ein, die einen nicht unnötig beschämen. Es hilft also, sich eine private soziale Welt zu schaffen, in der man sich gut bewegen kann. »Ich freunde mich oft mit Leuten an, die keine Angeber sind, interessiert sind und über ihre Macken lachen können«, sagt auch Nadine Cerny.

AUFMERKSAM, VERLÄSSLICH, WITZIG, EMPATHISCH

Die Idee, die eigene seelische Grundausstattung zu kennen und sich dann passende berufliche und private Wege zu suchen, ist nicht neu. Im letzten Jahrzehnt hat sich diese Art der Betrachtung vor allem für das Thema Introversion durchgesetzt. Introvertierte Menschen, die keine seltene Spezies sind, sondern je nach Studie etwa 30 bis 50 Prozent der Bevölkerung ausmachen,[94] ticken anders als Extravertierte, brauchen mehr Pausen im sozialen Kontakt, ertragen weniger Gesellschaft, sind langsamer, aber gründlicher in der Verarbeitung bestimmter Informationen im Gehirn, fühlen sich mit anderen Aufgaben wohl und mit wenigen, oft engen Beziehungen. Introvertierte haben genauso viele Stärken wie Extravertierte, nur sind es andere. Wenn man das liest, klingt das logisch. Doch bis vor einigen Jahren gab es kaum ein Bewusstsein dafür, dass leise Menschen andere Umfelder, Aufgaben oder Beziehungen suchen und brauchen als gesellige Leute. Introversion wurde oft als Mangel gesehen. Die amerikanische Publizistin Susan Cain hat mit dem Bestseller »Still: Die Bedeutung der Introvertierten in einer lauten Welt« eine breite Diskussion angestoßen. Sie analysiert aus einer gesellschaftlichen Perspektive, warum es laute Menschen oft einfacher haben als leise. »Wir leben in einem Wertesystem, das vom Ideal der Extraversion geprägt ist«, schreibt Cain. Zumindest in den USA werde die Fähigkeit zur Selbstdarstellung und Geselligkeit als gesund bewertet, ein ruhiges Temperament oft eher abgewertet, beargwöhnt oder sogar pathologisiert.[95] Im Beruf und auch privat gäbe es eine Art Zwang zu Schnelligkeit, Offenheit und Geselligkeit. Diesen gälte es abzubauen.

Im deutschsprachigen Raum setzt sich die Autorin und Coachin Sylvia Löhken sehr für Introvertierte ein. Sie beleuchtet in ihren Büchern, wie Menschen beruflich erfolgreich sein können, auch wenn sie introvertiert sind. Dabei betont die Coachin immer wieder, dass es einerseits wichtig ist, zur eigenen Introversion zu stehen, sich nicht zu verbiegen, zu sehen, dass ruhige Menschen große Stärken haben – sie nennt etwa Empathie, Vorsicht, analytische Fähigkeiten und Beharrlichkeit. Andererseits ist es Löhken aber auch wichtig, dass man sich als introvertierte Person in einer eher extravertierten Arbeits- und Beziehungswelt griffige Strategien überlegt, um gehört zu werden und wirksam zu sein. Es handelt sich um Techniken, die introvertierten und auch schüchternen Menschen im Beruf helfen können. So empfiehlt es sich zum Beispiel, Redebeiträge für Meetings vorzubereiten und die wichtigsten zwei, drei Punkte aufzuschreiben – und diese dann auch gleich zu Anfang im Meeting vorzutragen, wenn alle noch frisch sind und zuhören. Eine zweite Möglichkeit ist es, Problemstellungen und Aufgaben stets auf eigene Art anzugehen und darauf zu setzen, dass man Dinge umfassender betrachtet und Lösungsvorschläge machen kann, an die andere nicht gedacht haben. Es kann auch helfen, prestigeträchtige Arbeiten zu übernehmen, für die es auch ein hohes Maß an Ausdauer, Selbstständigkeit, Ruhe und längere Phasen ohne Applaus braucht. Löhken ermutigt Klient:innen dazu, sich mit all diesen Mitteln in einer lauten, schnellen Welt Gehör zu verschaffen.[96] Und falls Sie sich gerade fragen, ob Sie als unsichere oder schüchterne Person von diesen Techniken ebenfalls profitieren können, lautet die Antwort: auf jeden Fall. Probieren Sie es aus.

Doch kann man Introversion und Unsicherheit tatsächlich so sorglos in einen Topf werfen? Sicher nur zum Teil. Denn psychologisch gibt es einen großen Unterschied: Introvertierte sind gern allein. Sie brauchen zwar häufiger Erholungsphasen vom Kontakt, haben aber nicht per se Angst vor anderen. Sozial unsichere Menschen dagegen fühlen sich vom Urteil der anderen abhängig. Viele von ihnen sind gern im Kontakt mit anderen, halten das Zusammensein aber aufgrund der Angst vor Bewertung nicht aus. Doch es gibt auch Überschneidungen: Sowohl bei der Introversion als auch bei der Verhaltenshemmung, mit der Schüchterne zu tun haben, handelt es sich um Temperament. Es gibt möglicherweise genetische, auf jeden Fall aber neuropsychologische Faktoren, die eine Person zu einer stillen oder lauten, zu einer unsicheren oder sicheren Person machen. »Schüchternheit ist ein Persönlichkeitsmerkmal, das schon bei sehr kleinen Kindern zu beobachten ist«, sagte zum Beispiel die Psychologin Christiane Hermann einmal in einem Interview in der Süddeutschen Zeitung.[97] Vereinfacht gesprochen geht man davon aus, dass Unsichere und Schüchterne eine niedrigere Erregungsschwelle haben, d. h., sie sind schneller aufgeregt als andere Menschen und können dagegen nichts tun.[98] Das heißt: Ob man leicht nervös wird oder nicht, kann man nicht beeinflussen, man kann nur lernen, damit umzugehen.

Dass es evolutionsbiologisch sinnvoll ist, dass es sowohl vorsichtig-ängstliche als auch draufgängerisch-mutige Typen gibt, diese These vertritt zum Beispiel der Medizinjournalist Jörg Blech in seinem Buch »Die Psychofalle«. Er stellt dort verschiedene Untersuchungen mit Verhaltensbeobachtungen bei Vögeln und anderen Tieren vor und erklärt anhand dieser Studie, dass es auch im Tierreich, zum Beispiel unter Kohlmeisen, sowohl scheue, vorsichtige Tiere als auch neugierige, angstfreie gibt. Durch Beobachtung der Populationen und Zählungen – »Wie viele der Vögel in jeder Gruppe haben überlebt? Wie haben sie sich fortgepflanzt?« – zeigte sich, dass in einigen Jahren die vorwitzigen Tiere mehr Überlebenschancen hatten, in anderen Jahren hatten die vorsichtigen den Schnabel vorn.

Gleichzeitig konnten die Forscher der Studie feststellen, dass die scheuen Vögel erfolgreicher bei der Futtersuche waren, die angstfreien besser beim Erkunden neuer Terrains. Zumindest im Tierreich, folgert Blech, haben beide Temperamente ihre Stärken.[99]

Aber mal weg von den Meisen, hin zu den Menschen: Es lohnt sich sehr, eine Neigung zu Unsicherheit und Schüchternheit als einen Teil des eigenen Temperaments zu sehen und von den Introvertierten und ihrem Umgang mit ihrer stillen Art zu lernen: Es wäre gut, die Vorteile und Eigenarten zu sehen, die man als schüchterne Person mitbringt, und zu erkennen, was man mit einer Neigung zur Ruhe, Vorsicht, Scheu zur Gestaltung von privaten und beruflichen Umfeldern beitragen kann.

Guckt man sich das Leben von Nadine Cerny an, wird klar, dass sie ihre zum Teil introvertierte, zum Teil ängstliche Neigung erkannt hat, sich damit arrangiert und auf die Kraft der Unsicherheit gesetzt hat. Analog zu den Tipps für Introvertierte von Coachin Sylvia Löhken ist sie so gut wie immer freundlich mit ihren Mitarbeiter:innen, ist verlässlich, fragt nach, nimmt sich Zeit. Gleichzeitig bereitet sie sich oft akribisch vor, weiß, dass sie als eher unsichere Person gute Argumente braucht, um anderen überzeugend nahezubringen, wenn Überstunden gemacht werden sollen. Oder wenn eine kritische Rückmeldung ansteht, weil eine Arbeit schlecht ausgeführt wurde. Cerny argumentiert dann sachlich – bleibt aber einfühlsam. »Ich weiß ja aus eigener Erfahrung, dass harsche oder unklare Kritik einen ziemlich aus dem Konzept bringen kann«, sagt sie. Sie versuche deshalb, ihre Empathie-Fähigkeit zu nutzen und gleichzeitig klar zu sagen, was sie will.

Verlässlichkeit, eine hervorragende Fähigkeit, Risiken einzuschätzen, und Empathie sind herausragende Stärken von Unsicheren.

Weitere häufig von psychologischen Expert:innen genannte Stärken sind eine gewisse freundliche Zurückhaltung und Diskretion: Unsichere achten zum Beispiel oft darauf, dass sie andere nicht überrumpeln oder beschämen, weil sie für solche Situationen sensibel sind. Außerdem können sie die soziale Stimmungslage in einem Raum gut beurteilen, erkennen früh die Gruppendynamik. Laut Psychologin Ellen Hendriksen haben Unsichere außerdem ein gutes Gedächtnis für soziale Situationen und Gesichter.[100] Andere loben die Fähigkeit, enge und warme Freundschaften zu entwickeln. Und den Humor, den sich viele ängstliche Menschen aneignen, um trotz schlotternder Knie, Furcht vor Cringe-Situationen und allgemeiner Grundaufregung halbwegs durch die Welt zu kommen.

ÄLTER UND SICHERER WERDEN

Nadine Cerny würde als Hauptstärken Empathie und Umsicht nennen. Aber so richtig drüber nachgedacht, was die Stärken ihrer Unsicherheit sein könnten, habe sie erst im Interview. Tatsächlich habe sie aber entdeckt, dass sie generell sicherer geworden sei, dass sich mit den Jahren einiges zum Vorteil verändert habe. Sie sagt: »Je älter ich werde, desto weniger Angst habe ich vor dem Urteil der anderen.« In der Kindheit sei es schlimm gewesen, von Mitschülern beschämt zu werden. In der Jugend habe sie altersangemessen oft mit sich gehadert. In der Studienzeit und im jüngeren Erwachsenenalter habe sie oft allen gefallen wollen. Erst in den Vierzigern habe sie immer häufiger ein Gefühl der Gelassenheit entwickelt. Gedanken wie »Was wollt ihr mir denn tun?« oder »Ach, denk nicht weiter nach, was andere drüber sagen, es ist wichtig, was *du* meinst« sind ihr mittlerweile vertrauter.

Dabei habe ihr auch ihre Erfahrung als Mutter geholfen. Ihre Töchter sind heute im Teenageralter und vieles hat sich verändert. Die sozialen Konstellationen im Kindergarten, in der Schule, in Eltern-Freundeskreisen haben sie immer wieder in Situationen gebracht, in denen sie die Interessen ihrer beiden Kinder vertreten musste, meistens gegen andere Erwachsene. Es sei dann gefragt gewesen, sich deutlich abzugrenzen und Nein zu sagen. Etwas, was Nadine Cerny vorher oft schwergefallen ist. Ein Beispiel aus der Grundschulzeit: In der Klasse gab es eine Mutter, die darauf drängte, dass Nadines ältere Tochter sich mit ihrem Kind befreundete. Doch Nadines Tochter fand das Kind anstrengend, wollte es irgendwann nicht mehr treffen. Nadine Cerny musste der anderen, recht beharrlichen Mutter sagen, dass keine Treffen mehr stattfinden würden. Sie fand die Situation zunächst schlimm. Es war ihr peinlich, die Mutter zu enttäuschen. Sie fühlte mit, dass es für sie, deren Tochter gerade schwer eine Freundin fand, schmerzhaft und unangenehm war. Gesagt hat sie es dann trotzdem, weil es um ihr Kind ging. Die andere Mutter habe dann super reagiert. Und Nadine sei stolz gewesen, dass sie in dem kurzen Gespräch auf dem Schulhof beim Abholen klar und deutlich »Nein« gesagt hat. Sie habe das Neinsagen in diesen Jahren immer mehr für sich entdeckt. Sozialer Kontakt, findet Nadine Cerny, wird leichter, wenn man das kann.

Sich klar abzugrenzen, wurde also leichter, weil Nadine das Wohl ihrer Tochter wichtiger war als das Wohlwollen der anderen. Dazu eine Ergänzung: Wenn Menschen sich entschließen, neue Schritte zu gehen, und dabei unsicher sind, hilft es laut verschiedener Coaching- und Therapie-Ansätze, wenn sie sich ihre eigenen Werte bewusst machen, sich daran orientieren und diese nach vorne stellen. Der in Australien lebende Psychologe und Coach Hans-Georg

Willmann, der sich in seinen Büchern mit Themen wie Willenskraft und Motivation beschäftigt, betont beispielsweise immer wieder, dass es in unsicheren Situationen wichtig ist, zu wissen, was das eigene »Wozu?« ist.[101] Wenn man formulieren kann, warum man auf ein bestimmtes herausforderndes Ziel hinarbeitet, *wozu* man ein unangenehmes Gespräch führt oder jemandem eine Absage erteilt, wird es leichter, das auch wirklich umzusetzen. Werte sind ein Kompass, geben einen Fokus, sind stärker als die eigenen Bedenken und ziehen uns über die eigenen emotionalen Hindernisse hinweg. Genau das Prinzip scheint Nadine Cerny oft eingesetzt zu haben. Sie hat ihre Werte Ästhetik, Nachhaltigkeit und Verbundenheit immer klar im Fokus gehabt. So ist es ihr leichter gefallen, beruflich und auch privat durch die Welt zu navigieren, dort Einfluss zu nehmen. Sich nach dem »Wozu?« zu fragen, ist also eine kraftvolle Ermutigung für Menschen, die mit Unsicherheit zu tun haben. Im Praxis-Coaching ab Seite 175 finden Sie auch eine praktische Übung dazu.

Zum Abschluss betont Nadine, dass es immer noch einige soziale Klippen für sie gäbe: Sie empfinde ein großes Unbehagen in einigen Situationen. Wenn sie Bewerber:innen im Job absagen müsse, weil eine Stelle schon besetzt sei, zum Beispiel. Oder wenn sie in der Familie ihres Freundes mit Leuten runde Geburtstage feiern soll, die sie nicht gut kennt und die komplett anders ticken. Sie halte sich, wenn es eben ginge, weiterhin daran, sich mit Leuten zu umgeben, die sie mag und lässig findet. Und daran, sich für Dinge starkzumachen, die ihr wichtig sind. Bei anderen Sachen – zum Beispiel der Hochzeit einer alten Bekannten, die ihr ein wenig fremd geworden ist – habe sie auch schon gekniffen. Unterscheiden zu können, was für sie sozial wichtig und notwendig ist und was man vernachlässigen kann, das habe sie mit den Jahren gelernt. So fokussiert sie sich. Vielleicht, überlegt sie, ist das tatsächlich eine Kraft, die in der Unsicherheit steckt.

Einfach machen: Nein sagen

Sich gegen andere abzugrenzen, lernt man nicht von heute auf morgen. Es gibt aber Tricks, wie man es sich leichter machen kann. Hier bekommen Sie eine Übung, die helfen kann:

Suchen Sie sich dazu eine alltägliche, nicht allzu gravierende Situation aus den letzten Wochen, in der Sie gern abgesagt, Nein gesagt oder sich abgegrenzt hätten, sich aber nicht getraut haben, weil sie Angst hatten, andere zu verärgern oder zu beschämen. Das kann z. B. eine bestimmte Aufgabe in einem Verein, im Job oder in der Familie sein, eine Verabredung, die Sie gern abgesagt hätten, eine lange mitgeschleppte unangenehme Verpflichtung, ein Plan, den eine andere Person für Sie hat, den Sie aber nicht gut finden. Versetzen Sie sich noch mal kurz in die Situation zurück. Nun machen Sie Folgendes:

1. Stellen Sie sich zunächst einmal vor, Sie hätten doch Nein gesagt. Wie hätten Sie sich in dem Moment und den Stunden danach gefühlt? Welche Gedanken wären Ihnen durch den Kopf gegangen? Was für Gefühl hätten Sie gehabt? (Die meisten Leute schildern hier Befürchtungen, andere würden sie ablehnen, und finden die Situation unangenehm.)
2. Denken Sie nun ein oder zwei Wochen weiter. Wie würden Sie sich, 14 Tage nachdem Sie die Absage erteilt haben, fühlen? Wie wären Ihre Gedanken oder Ihre Gefühle jetzt? (Die meisten Menschen denken jetzt schon positiver über

die Absage, freuen sich, dass sie sich getraut haben, oder merken, dass es kein »großes Ding« war.)

3. Stellen Sie sich abschließend vor, wie Sie sich ein halbes Jahr später fühlen würden, nachdem Sie sich getraut haben, diese Absage auszusprechen. (Die meisten finden es jetzt noch besser, dass sie sich getraut haben. Oder sie hätten es längst vergessen, dass Sie sich um diese Situation sechs Monate vorher überhaupt Gedanken gemacht haben.)

Dieses Zeitraster hilft Ihnen dabei, die Bedeutung einer Absage zu relativieren und ihr die Schwere zu nehmen. Und es hilft, zu verstehen, dass ein Nein oft kurzfristig unangenehm ist, mittel- und langfristig aber eher Entspannung und Vorteile bringt.

KAPITEL SIEBEN

»AUF DER BÜHNE SPRECHEN KANN MAN LERNEN«

Oder: Licht aus, Spot an

Die Angst, vor größeren oder unbekannten Gruppen zu sprechen, ist weitverbreitet. Je nach Studie sind es 40 bis 60 Prozent[102] *der Bevölkerung, die sich davor regelrecht fürchten. Angesichts von Redesituationen spüren also die meisten Menschen ihre Angst vor Bewertung und befürchten, blöd dazustehen oder ausgelacht zu werden. Diese fast universelle Unsicherheit ist keine Störung. Sie zeigt den Menschen nur, wo ihre Grenze im sozialen Miteinander liegt. Angesichts von Lampenfieber gibt es kaum mehr eine Spaltung zwischen »den Selbstsicheren« und »den Unsicheren«. Wir könnten uns in unserem Unbehagen solidarisieren und anerkennen: Ab einem bestimmten Schwierigkeitsgrad ist jeder unsicher. Einige soziale Situationen sind keine Selbstläufer, und es kostet Überwindung, sie zu meistern. Das heißt allerdings nicht, dass wir es nicht versuchen sollten. Im Gegenteil: Sich in einer unbekannten Gruppe zu Wort zu melden oder Inhalte zu präsentieren, kann man lernen. Die meisten müssen das üben – Naturtalente sind selten. Hier erzählen drei Menschen, wie sie gelernt haben, ihre Redeangst halbwegs zu überwinden, welche Kniffe sie gefunden haben – und warum sie es trotz Schüchternheit und Nervosität immer wieder tun.*

Es gibt diesen Moment, an den sich Silke Fahrenhold[103] bis heute erinnert: der Augenblick, in dem sie erkannte, dass sie Angst hat, vor großen Gruppen zu sprechen. Im Saal während einer Konferenz mit Buchhandelsvertreter:innen aus ganz Deutschland gingen die Lichter aus, sie spürte einen hellen Lichtkegel auf ihrer Haut, vor ihr im Dunkel saßen an die hundert Zuhörer:innen. Fahrenhold, damals neu im Verlagswesen und etwa Mitte dreißig, hatte sich auf die Präsentation von drei neuen Büchern, deren Inhalt sie kurz umreißen sollte, nicht vorbereitet. Sie hatte gedacht: »Ein bisschen quatschen, das kann ich!« Doch als sie oben auf der Bühne stand, sah sie das plötzlich anders: Ihr wurde klar, dass hier einiges auf dem Spiel stand, alle Augen auf sie gerichtet waren, alle erwarteten, dass sie nun druckreif sprach. Sie fühlte sich von ihrer Angst komplett überwältigt, kalter Schweiß lief ihr den Rücken herunter, sie bekam kein Wort heraus. Nach einer gefühlten Ewigkeit – wahrscheinlich war es eine knappe Minute – fing sie sich und begann, heiser zu sprechen, stümperte zu jedem Buch drei Sätze zusammen, blickte in fragende Gesichter. Am Schluss erklärte sie noch wortreich, dass sie ein wenig nervös gewesen sei, dass es ihr leidtue, und stolperte dann von der Bühne. Als sie wieder auf ihrem Platz im Publikum saß, fühlte sie sich blamiert, zerrissen, frustriert und war wütend auf sich selbst. Ihr sei sofort klar gewesen, sagt die 55-Jährige im Rückblick, dass sie nun dringend lernen musste, öffentliche Redesituationen anders zu meistern. Gleichzeitig überlegte sie ernsthaft, noch am selben Tag zu kündigen, denn sie fühlte sich erst einmal unfähig, noch mal auf eine Bühne zu gehen. Es folgten schwere Wochen, in denen sich die Lage noch zuspitzte, weil bereits weitere Präsentationstermine anstanden. Ihre Chefin gab ihr außerdem zu verstehen, dass sie von der neuen Lektorin mehr erwartete als beim letzten Mal. Irgendwann beschloss Fahrenhold, sich dem Thema zu stellen, das Reden vor anderen von Grund auf zu lernen und sich besser vorzubereiten. »Lange dachte ich, ich sei unfähig, unbegabt und zu ängstlich für so viel Öffentlichkeit. Heute weiß ich, dass ich damals einfach an die Grenze meines Improvisationstalents gekommen war«, sagt sie. »So einfach, wie ich gedacht habe, war es nicht, vor so vielen Leuten zu sprechen.«

Und das ist es tatsächlich nicht: Sehr viele Menschen tun sich schwer damit, auf einer Bühne zu sprechen, in einem kleineren Kreis Sachthemen zu referieren oder in einer Gruppe mit mehr als einer Handvoll Unbekannten die Stimme zu erheben. Für wie viele Menschen es tatsächlich unmöglich ist, auf einer Bühne zu sprechen, und wie viele nur konsequent versuchen, derartige Situationen zu vermeiden, kann man nicht genau beziffern. Doch wenn man beobachtet, wie viele Leute peinlich berührt die Köpfe senken, wenn es auf Vereinssitzungen, Elternabenden, Seminaren an der Uni oder bei politischen Diskussionsveranstaltungen darum geht, frei zu sprechen, dann entsteht der Eindruck, dass viele Menschen in diesem Bereich ziemlich gehemmt sind. In all diesen Settings sprechen immer die gleichen Menschen – diejenigen, die sich gern nach vorne stellen, und alle, die besonders erfahren sind. Sie bestimmen das Geschehen. Die leiseren oder unsichereren Menschen bleiben oft konsequent stumm.

Was für eine Überwindung es für viele Menschen ist, vor Gruppen zu sprechen, konnte ich auch im Rahmen der Recherche für dieses Buch feststellen. Sobald ich andeutete, worüber ich schreibe, boten mir zahlreiche Bekannte und sogar beinahe Unbekannte an, mir von ihrem eigenen Weg raus aus der Rede- und Bühnenangst zu erzählen. Sie wollten anderen helfen, wollten die Strategien teilen, mit denen sie diese spezielle Art von Angst für sich bewältigt haben.

Mit dabei waren eine Keynote-Speakerin im Business-Bereich, ein Schreiner, der seit Jahren Betriebsratsarbeit macht, und eine Lehrerin. Sie alle haben gelernt, sich vor fremde Gruppen zu stellen, so sehr, dass es ein Teil ihres Arbeitsalltags geworden ist. Die Devise ist also: üben, üben und üben. So sagen es auch Rhetoriktrainer:innen und Verhaltenstherapeut:innen, wenn es um das Thema Lampenfieber und Redeängste geht.[104]

FREMDELN GEHÖRT DAZU

Bevor wir uns in die Lösungsorientierung stürzen und überlegen, wie auch unsichere Menschen kniffelige Redesituationen überstehen, lohnt es sich, noch einmal innezuhalten und Folgendes klarzumachen: Wir sind keine sozialen Alleskönner, die ohne Furcht und Unbehagen durch Veranstaltungen oder Begegnungen mit fremden Leuten navigieren. Für alle, auch für die Lautesten und Offensten, gibt es Grenzen, was man sich im Kontakt zutraut und zumutet. Öffentliche Redesituationen sind nicht leicht zu meistern. Und auch viele andere soziale Situationen, denen wir heute oft ausgesetzt sind, sind anfangs ungewohnt und fremd. Das gilt nicht nur für Präsentationen oder das Aushalten eines Schul-Elternabends auf kleinen Stühlen. Das gilt auch für Interviewsituationen, Fortbildungsgruppen, Bewerbungsgespräche, Tinder-Dates. Wir sitzen uns als fremde Menschen gegenüber, wir bilden einen Kreis, ein Hufeisen oder ein Tête-à-Tête und sollen unbefangen interagieren. Der Anspruch, hier natürlich und locker sein zu wollen, ist grundsätzlich zu hoch. Der mittlerweile verstorbene amerikanische Psychologe und Psychotherapeut James Hillman machte zu Beginn eines langen Interviews einmal klar, wie seltsam er solche

Gesprächssituationen fände. Er sagte: »Wir haben uns nie zuvor gesehen. Wir setzen uns hin und fangen an zu sprechen. Das ist manisch. Das ist wahnsinnig.«[105] Hillman führt aus, dass es Norm geworden ist, sich mit fremden Menschen unmittelbar unterhalten zu können, dass es kaum Pausen im Gespräch geben darf, dass wir sofort zum Punkt kommen sollen, uns dabei verhalten sollen, als würden wir uns längst kennen und vertrauen, als gäbe es keine Fragen und kein Fremdeln. Seiner Ansicht nach wäre es an der Zeit, diese Norm zu hinterfragen. Und zu verstehen, dass die Anforderungen nicht unbedingt dem entsprechen, was unsere Seele braucht und will. Hillman hat solche Bedenken, recht hellsichtig, bereits in den Neunzigerjahren des letzten Jahrhunderts geäußert. Heute, mehrere digitale Innovationsstufen später, gilt umso mehr: Es gehört dazu, in sozialen Situationen auch mal desorientiert zu sein, nicht zu wissen, was man sagen soll, oder sich darüber Gedanken zu machen, ob man sich öffnen oder äußern will. Vor allem in fremden Gruppen. Dass wir viele soziale Situationen nicht aus dem Stand meistern können, das kann, so interpretiere ich es wenigstens, durchaus ein Trost sein. Es ist ein Realitäts-Check, mit dem man sich selbst sagen kann: »Du musst das nicht alles sofort können. Der Anspruch wäre viel zu hoch.«

Darüber hinaus heißt das fürs freie Reden auf einer Bühne oder auch in größeren Gruppen: Naturtalente sind selten. Fast jeder braucht Zeit und Training, um sich ranzutasten und auszuprobieren, und erlebt auch schwierige Momente. Man muss sich daran gewöhnen und lernen, mit solchen, wie Hillman es nennt, »manischen« Situationen umzugehen, dann wird es irgendwann tatsächlich normaler und selbstverständlicher. Komplett unvorbereitet auf eine Bühne zu gehen, wie Silke Fahrenhold es anfangs versucht hat, überfordert dagegen wohl die allermeisten. Viele Menschen entwickeln erst in solchen Momenten eine Bühnen- oder Redeangst, die sich hartnäckig hält. Sie schlussfolgern dann: Wenn ich es nicht sofort kann, bin ich wohl fürs Reden vor anderen grundsätzlich nicht gemacht. Doch so ist es einfach nicht: Wir alle können lernen, öffentlich zu reden, und diese Fähigkeit einfach trainieren. Das klappt genauso wie bei anderen ungewohnten Tätigkeiten, zum Beispiel Autofahren, Klavierspielen oder Joggen. Nicht jede:r läuft zu Höchstleistungen auf – aber zum Mitmachen reicht es.

ZURÜCK ZUM INHALT

Es ist also wichtig, sich beim Trainieren und Tun an das freie Sprechen vor anderen zu gewöhnen. Ebenso bedeutsam ist es, Geduld mitzubringen und Zeit einzuplanen, bis man ein einfaches Anliegen oder einen kurzen Input in einer Gruppe oder vor einem Publikum vortragen kann oder sogar einen längeren Vortrag vor anderen halten kann. Auch die Lektorin Silke Fahrenhold hat das Redenlernen vor anderen als einen längeren Prozess erlebt. Einige Wochen nach ihrem Angstmoment im Rampenlicht und kurz vorm nächsten anstehenden Präsentationstermin fing sie an, sich selbst zu schulen und vorzubereiten. Mittlerweile ist sie selbst Führungskraft im Verlag, gibt ihr Wissen und ihren Weg gern weiter, berät jüngere Kolleg:innen, wie sie kurze Auftritte, zum Beispiel auf Buchmessen, bei Lesungen oder in Konferenzen, gut überstehen können. »Am allerwichtigsten ist es, sich inhaltlich gut vorzubereiten«, sagt Fahrenhold. »Wenn es zum Beispiel darum geht, Bücher vorzustellen, lohnt es, den Inhalt des Titels wirklich zu kennen, ihn in der Vorbereitung knapp schriftlich zusammenzufassen, ein Fazit zu ziehen und den Vortrag zu üben, indem man das, was man sagen will, zu

Hause laut vorträgt. Wenn es nicht gut klappt, dann auch mehrere Male.« Diese Aufzählung, das sei ihr klar, würde zwar streberhaft klingen, doch wenn man vor einem größeren Publikum spreche, sei es eine Erleichterung, den eigenen Part vorher geprobt zu haben: »Man merkt mit der Zeit, dass eine gute Vorbereitung einen viel sicherer machen kann. Ich würde sagen, dass sich dann Souveränität und Angst zumindest die Waage halten«, sagt die Lektorin.

Ihrer Erfahrung nach sei all das kein psychologisches Problem. Es gehe eher darum, aktiv und sehr bewusst die Rolle der oder des Führenden, Bewertenden, Darstellenden zu übernehmen. Die Präsenz in dieser Rolle wird besser, wenn man sie immer wieder einnimmt. Im Laufe ihrer Karriere habe sie beobachtet, dass diese Positionsfindung – »Ich stehe vorne und habe etwas zu sagen!« – vor allem Frauen oft schwerfällt, weil sie in den Unternehmen wenig Rollenmodelle haben. Und weil die Dynamik in Teams und Unternehmensorganisation Männern in die Karten spielt, exponierte Positionen beim Reden oder Präsentieren zu übernehmen. Sich zu überwinden, selbst das Wort zu ergreifen und die Rolle derer zu übernehmen, die selbstverständlich vorne Dinge erklärt, sei letztlich auch ein frauenpolitisches Anliegen. Es gibt heute einige Initiativen, die sich dafür einsetzen, dass mehr Frauen auf Kongressen und Panels sprechen, dass sie in der Öffentlichkeit mehr Redeanteile bekommen und so in Politik, Wissenschaft, Wirtschaft und Gesellschaft sichtbarer werden. Eine davon heißt »Frauen aufs Podium«[106] – und genau darum geht es. Männer, davon kann man ausgehen, können es nicht besser. Sie haben oft nur mehr und häufiger geübt.

Eins ist der Lektorin dabei aber noch wichtig: Sich gut vorzubereiten, die Sachen zu üben, sich immer wieder nach vorne zu stellen, das heißt nicht, dass das Ergebnis perfekt oder brillant sein muss. Es sei wichtig und auch entspannender, sich die Bühne als Übungsfeld vorzustellen: Anfangs ist man möglicherweise trotz der guten Vorbereitung noch etwas mau unterwegs, nach einem oder auch zwei Jahren werde man dann aber merklich besser. Und irgendwann sei es – auch wenn das kaum zu glauben sei, wenn man am Anfang stehe – sogar inspirierend, Inhalte auf einer Bühne vorzutragen.

Einen Aha-Moment hatte Fahrenhold ungefähr nach zwei Jahren Training. Bis dahin stand sie etwa ein Dutzend Mal so gut wie möglich vorbereitet vor einem größeren Publikum, fühlte sich aber beim Vortragen wie eine Schülerin, die ein Gedicht aufsagt – hölzern und nur mäßig mitreißend. Stolz sei sie trotzdem auf sich gewesen, denn man konnte ihr inhaltlich folgen und ihre eigene Angst blieb auf einem erträglichen Level. Die Veränderung, die sich eines Tages vollzog, merkte sie zunächst gar nicht: Wieder stand sie bei der gleichen großen Jahreskonferenz vorne und präsentierte drei Bücher. Sie sprach dort über einen Roman, der sie faszinierte – es ging um eine unzuverlässige Erzählerin, die mit ihren Schilderungen die Leser:innen ständig auf falsche Fährten setzte. Fahrenhold erzählte begeistert, warum sie diese Erzählerin, die alle austrickste, so in den Bann gezogen hatte, und vergaß bei alldem, sich selbst zu beobachten und zu bewerten. In dem Moment, in dem sie ganz im Inhalt des Vortrags versank, merkte sie das erste Mal, wie der Funke beim Publikum regelrecht übersprang. Silke Fahrenhold konnte sich die Welle der Begeisterung und Aufmerksamkeit erst gar nicht erklären. Im Nachhinein verstand sie, dass sie anders als sonst zu hundert Prozent aufs Thema konzentriert war, alle Energie auf die Sache gerichtet hatte. Sonst hatte ihr der permanent mitlaufende Film aus Selbstkritik und Selbstbeobachtung einen entscheidenden Teil ihrer Präsenz geraubt und den Kontakt mit dem Publikum erschwert. Wenn die Lektorin von diesem Moment berichtet, strahlt sie. Seitdem weiß sie, wie es gehen kann. Sie konzentriert sich daher heute beim Reden bewusst ganz auf den Inhalt, den sie präsentieren will.

Die Schilderungen von Silke Fahrenhold passen gut zu den Techniken der Aufmerksamkeitslenkung nach außen, die in der Verhaltenstherapie bei sozialen Ängsten eingeübt werden: Statt sich auf die inneren Fragen zu fokussieren – »Wie wirke ich? Blamiere ich mich jetzt? Hilfe, guckt jemand komisch?« –, lenkt man die Aufmerksamkeit nach außen, auf das Gegenüber, auf die Sache, auf die Inhalte. Über diese Art, die eigene Konzentration zu verlagern, wurde in Kapitel fünf berichtet, als es um die Angst vor Körperreaktionen wie Erröten oder Schwitzen ging. Beim Reden vor Gruppen – egal ob Hochzeitsansprache, Präsentation oder Vorstellungsrunde – gilt diese Technik ebenfalls. Fokussier dich auf den Inhalt und die Außenwelt – und schon wird es einfacher!

In Bezug auf Redeängste während Präsentationen kann es übrigens auch helfen, nicht nur den Inhalt im Blick zu haben, sondern auch ein optisches Detail im Vortragsraum auszusuchen, auf das man sich zwischendurch konzentrieren kann: die schöne grüne Gardine hinten im Raum, eine Lampe, ein Bild an der Wand hinten links, an das man den Blick immer wieder heftet. Manchen Menschen hilft auch die Vorstellung, die Inhalte nur der Gardine oder der Lampe zu erzählen. Andere suchen sich eine vertraute Person im Raum, zum Beispiel eine:n Kolleg:in, die sie anschauen können, ohne dass der Bewertungsangst-Reflex anspringt. Viele Menschen kommen mit solchen Techniken halbwegs gut durch Vortragssituationen. Diese sind für den Anfang wichtiger als eine besonders ausgefeilte Rhetorik oder gar Brillanz. Das können Sie erst einmal vergessen und sich entspannen. Falls Sie dann doch noch Topspeaker:in werden wollen, können Sie ja daran noch mal feilen.

ES IST AUFREGEND!

All diese Grundlagen, um das Sprechen vor Gruppen zu lernen, sind laut Silke Fahrenhold wichtiger als die Kenntnis von rhetorischen Kniffen oder die Fähigkeit, auf der Bühne zu unterhalten. Mittlerweile, nach vielen Jahren Erfahrung, schaue sie sich zwar gerne von den Besten ab, wie sie Vorträge aufbauen, wie sie ihren Einstieg wählen und das Publikum abholen, aber das sei schon für Fortgeschrittene. Für alle anderen gilt: einfach weitermachen, immer wieder Redesituationen suchen – und nie zu sehr bewerten, wie es denn nun gewesen ist. Denn eins ist klar: Auch wenn man Übung hat und schon einige gute Erfahrungen im Scheinwerferlicht sammeln konnte, läuft es nicht immer rund. Es ist wie bei allen anderen Kommunikationsformen auch: Manchmal entgleisen Gespräche, auch wenn man in privaten Unterhaltungen eher begabt und beherzt ist. Manchmal kommt ein Meeting nicht auf den Punkt, auch wenn man normalerweise solche Treffen stringent moderieren kann. Silke Fahrenhold sieht deshalb alle öffentlichen Redesituationen als Experimente mit offenem Ausgang. Sie versucht, sich nicht selbst zu verurteilen, wenn etwas schiefläuft. Sie erinnert sich etwa an eine private Situation aus der letzten Zeit, in der ein Auftritt den Bach runterging. Auf der Geburtstagsfeier für eine Freundin hielt sie eine kleine Rede. Die Stimmung im Raum war blendend. Doch aus irgendeinem Grund traf sie als enge, aber neue Freundin vor der Gruppe der alten Schulfreund:innen und Verwandten des Geburtstagskindes nicht den richtigen Ton. Diese saßen plötzlich stumpf und stumm da. Der Applaus blieb dünn. Danach fühlte Fahrenhold sich ausgeschlossen, erst eine halbe Stunde später kam die Gesellschaft wieder in Schwung. Es sei, so hat sie später erst verstanden, vor allem eine inhaltliche Irritation gewesen: Die alten Freunde und

Freundinnen konnten bei dem neuen Bild, das Fahrenhold von der Freundin als erfolgreiche, humorvolle Juristin zeichnete, einfach nicht mitgehen. Sie hatten andere Erinnerungen an die gemeinsame Jugend, wollten von der Berufswelt an dem Abend gar nicht so viel hören. Sie sei nach dem Abend ein bisschen eingebrochen, fragte sich wie früher, was sie falsch gemacht haben könnte und ob sie doch zu gehemmt, zu wenig mitreißend für solche Aufgaben sei. Doch nach ein, zwei Tagen war es wieder okay. Und ihre Freundin fand es übrigens toll, dass sie bei der Feier gesprochen hatte. Sie sah es als Geschenk, dass sich jemand hinstellt und ein paar nette Worte sagt.

Und doch stellen Sie sich vielleicht auch selbst die Frage, was Sie tun können, wenn aus ein bisschen Lampenfieber wieder eine richtige, ausgewachsene Redeangst wird. Denn das Risiko bleibt: Stellt man sich hin, wird die Angst vor Bewertung aktiviert. Stellt man sich hin, gibt es das Risiko zu scheitern. Als eine Art Erste-Hilfe-Strategie gegen aufkommende Gefühle von Angst können Sie Folgendes versuchen: Begrüßen Sie die Angst mit einer Willkommensgeste wie: »Hallo, liebe Angst, da bist du, setz dich hier mit auf die Bühne.« Falls Ihnen das zu überschwänglich erscheint, können Sie auch ganz schlicht feststellen: »In Ordnung, ich und meine Angst halten jetzt eine Rede.« So können Sie sich rasch vor Augen führen, dass Sie zwar Angst haben, aber nicht die eigene Angst sind, sondern noch ganz viele andere Ihrer Fähigkeiten und Anliegen mit auf die Bühne bringen.

Es ist auch möglich, in dem betreffenden Moment die Angst umzudeuten: Stellen Sie sich vor, das Gefühl, das da hochkommt, ist nicht Angst, sondern eine Art freudige Aufregung, mit deren Hilfe man durch die Redesituation navigieren kann. Begreift man die körperlichen Reaktionen und die Emotionen als Energie und Enthusiasmus, kann man sie nutzen und darauf aufbauen. Diese positive Neubewertung, das »Reframing«, haben Sie bereits zu Beginn in Kapitel drei kennengelernt. Wie effektiv es sein kann, körperliche Gefühle der Anspannung neu zu interpretieren, zeigt eine Studie der Harvard Business School. Versuchsteilnehmer:innen bekamen dort die herausfordernde Aufgabe, vor einer Gruppe von Fremden Karaoke zu singen. Einem Teil der Teilnehmer:innen wurde geraten, die Gefühle von Herzklopfen, weichen Knien und Anspannung als vorfreudige Aufregung zu interpretieren. Die anderen bewerteten die gleichen Körperzustände als Angst. Es zeigte sich, dass die Teilnehmer:innen, die ihre Aufregung positiv deuteten, souveräner mit der Situation zurechtkamen und besser sangen.[107] Wenn das Umdeuten gelingt, dann kann es uns also Rückenwind geben.

SICH NICHT AUFHALTEN LASSEN

Für Allita Stadler[108] ist der Vorschlag, die eigene Angst in eine positive Aufregung umzudeuten, lange Zeit keine Hilfe gewesen. Die Gitarristin und Sängerin aus Frankfurt erlebte über Jahre auf der Bühne jedes Mal große Angst, dass etwas mit der Technik schiefgehen, sie sich blamieren oder irgendein Gerät ausfallen könnte. Hatte das Konzert erst einmal angefangen und waren die ersten drei Songs überstanden, ging es besser und die Panik verflog. Aber vorher war es die Hölle. »Mein Horror war es einfach immer, mir vorzustellen, dass ich so wirken würde, als hätte ich mein Equipment nicht im Griff, als wäre ich irgendwie ungeschickt«, sagt die 42-Jährige. Als Gitarristin einer Post-Punk-Band hatte sie oft mit männlichen Toningenieuren und Veranstaltern zu tun, wollte sich dort nicht die Blöße geben, Probleme mit der Technik zu haben, steigerte sich in Katastrophenvorstellungen hinein. Sie entwickelte ein Sicherheitsverhalten, nahm immer zwei Ersatzgitarren mit, geriet einige Male mit Tontechniker:innen aneinander, weil sie trotz knapper Zeitpläne darauf bestand, alle drei Gitarren beim Soundcheck anzuspielen. All das half aber langfristig nicht gegen die Angst. Sie sei mehrere Jahre lang vor Auftritten so nervös gewesen, dass sie nicht mehr essen und nicht mehr schlafen konnte. Und vor den Konzerten – vor allem wenn es größere Veranstaltungen waren – sei sie überall im Kontroll-Modus herumgelaufen, habe den Tisch mit dem Merch gestaltet, CDs und T-Shirts aufgehängt, mit Freunden und Bekannten gesprochen, die vorbeikamen, habe Interviews gegeben und sich für alles verantwortlich gefühlt. Was ihr schließlich geholfen habe, sei die Erkenntnis gewesen, dass das ständige Kontrollieren der Situationen alles nur schlimmer gemacht hat. Alles sei schlagartig besser geworden, als sie anfing, vor den Auftritten mehr zur Ruhe zu kommen, statt alles regeln zu wollen. »Ich glaube, man sollte alle zusätzlichen Aufgaben abgeben oder sein lassen«, sagt die Musikerin. Den Merch haben Bassistin und Schlagzeuger übernommen, die Gespräche mit Freund:innen und Bekannten vor Auftritten ließ sie sein, erklärte aber vorher, warum sie es tat. Stattdessen hörte sie vor den Auftritten noch ein bisschen Musik, trank einen Tee und versuchte, im Backstage-Bereich zur Ruhe zu kommen. Seit sie sich um ihre eigene Entspanntheit kümmert und sich auf ihre Hauptaufgabe konzentriert – ihre eigenen Songs auf der Bühne rüberzubringen – und sich vor Auftritten nicht zu viel zumutet, sei es besser geworden.

Noch entscheidender, sagt sie abschließend, sei die viele Übung und Routine gewesen, die sie sich inzwischen angeeignet habe. Es gab seither ein paar Jahre, in denen die Band ein festes Engagement in einem freien Theater hatte und dort mit dem immer gleichen

Tontechniker, zu den immer gleichen Bedingungen, nach den immer gleichen Abläufen ihre Vorbereitungen und den Abend durchzogen. Nie ging etwas schief. Und wenn doch, konnte der gelassene Tonmensch es regeln. »Die Übung und die Routine in den Vorbereitungen haben dazu beigetragen, dass ich mittlerweile vertraue. Auf mich selbst, auf den Raum, darauf, dass andere mir helfen werden, wenn es eine Panne gibt«, sagt die Musikerin heute. Man sehe daran, findet sie, dass man einfach immer weitermachen müsse, sich Bedingungen zu schaffen, in denen man sich wohlfühle, auch was Veranstaltungsorte und Zusammenarbeiten mit anderen Menschen anging. So würde es einfacher, das zu verfolgen, was einem künstlerisch und als Ausdruck auf der Bühne wichtig sei. Heute hat sie übrigens fast keine Angst mehr.

DER SCHRITT AUF DIE BÜHNE

Und jetzt zu Ihnen: Kann es sein, dass Sie die Schilderungen der beiden Frauen zwar zur Kenntnis nehmen, sich aber trotzdem fragen, ob es für Sie lohnt, das Sprechen auf einer Bühne zu üben? Schließlich sind die beiden in Branchen tätig, in denen es zur Stellenbeschreibung gehört, öffentlich zu performen. Kann es wirklich das Ziel sein, dass jeder auf einer großen Bühne stehen und reden können muss? Die Antwort auf diese Frage lautet selbstverständlich: Nein. Und trotzdem kann es sich für Sie lohnen, bewusst zu schauen, ob eine Angst vor dem öffentlichen Reden Sie gelegentlich hindert. Vor allem, wenn es um berufliche Positionen geht, aber auch in Bezug auf politisches Engagement und Aktivismus kann es sehr hilfreich sein, wenn man sich ein paar Rede-Skills aneignet. Die Psychologin und ausgebildete Psychotherapeutin Madeleine Leitner aus München hat in Coachingsitzungen mit karriereorientierten Klienten und Klientinnen häufig festgestellt, dass diese sich durch soziale Unsicherheit und Redeängste selbst im Weg stehen. »Sozialphobiker bleiben beruflich unter ihren Möglichkeiten. Sie verharren im Hintergrund, vermeiden exponierte Positionen«, sagt Leitner in einem Interview für die Internetplattform Heise.[109] Viele blieben konsequent im Schatten oder in der zweiten Reihe. Im Coaching habe sie zum Beispiel mit einem Mann gearbeitet, einem erfolgreichen Wirtschaftsingenieur, der von seinem Chef ausgesucht wurde, ein Team zu leiten. Um diese Position gut auszufüllen, hätte er häufiger vor einer größeren Gruppe oder auf Tagungen sprechen müssen. Er sagte das Angebot für die höhere Leitungsfunktion ab. Ein Jahr später verstand er im Coachingprozess, dass er sich – wie es viele Leute tun – als ein Mensch sah, der nicht in der Lage ist, vor anderen die Stimme zu erheben. Er verzichtete dauerhaft auf eine Position, die er eigentlich gern eingenommen hätte. Auch das – und dieser Einschub ist wichtig – muss keine bedauerliche Geschichte sein. Es gibt kein Gesetz, dass wir Führungskraft werden müssen, wenn man es uns anbietet. Die Entscheidung sollte nur nicht davon abhängen, ob man sich überwinden kann, ab und zu fünf bis zehn Minuten vor einer Gruppe zu sprechen. Denn um viel mehr geht es im Job-Alltag meistens nicht. Stellen Sie sich also durchaus noch einmal die Frage, ob ein wichtiges berufliches oder persönliches Ziel nur dadurch außer Reichweite liegt, dass Sie Auftrittssituationen kategorisch vermeiden.

Und für alle, die keine Ambitionen in dieser Richtung haben, könnte es sich trotzdem lohnen, in einer fremden Gruppe einen Einwurf machen zu können, der einem wichtig ist – zum Beispiel in einer Diskussion, in einer Weiterbildung oder wenn Leute um einen runden Tisch sitzen. Ein Bekannter, mit dem ich studiert habe, erzählte mir beispielsweise, dass er – ein eher introvertierter und schüchterner Mensch – jahrelang unglaubliche Angst davor hatte, in Seminaren das Wort zu ergreifen. Egal ob Wirtschaftspsychologie, Methodenlehre oder Sozialpsychologie, er habe in beinahe jedem Kurs stundenlang überlegt, ob er sich nun melden und sprechen sollte oder eher nicht. Mich wunderte das, denn ich hatte ein paar Kurse mit ihm gemeinsam besucht und ihn als Plaudertasche in Erinnerung, der ständig irgendwelche schlauen Ideen formulierte. Das sei schön, dass ich das so sehe, sagte daraufhin der Bekannte: »Ich habe mich jedes Mal bewusst überwunden, weil ich es lernen wollte.« Heute, auch das erzählt er, könne er es besser. Er ist mittlerweile Trainer und Supervisor. Auch wenn er sich ebenfalls bis heute als ein sozial eher unsicheren Menschen begreift und auch glaubt, dass er das bleiben wird, so würde er heute doch sagen: »Die Fähigkeit, ab und zu die Stimme zu erheben und bestimmte sachliche Dinge in den Raum zu stellen, ist für meinen Beruf – und ich glaube, auch für viele andere Tätigkeiten – wirklich wichtig.«

Falls Ihnen diese drei unsicheren Redner:innen, die mittlerweile gelernt haben, ein bisschen von ihrer nackten Angst loszuwerden und an Routine dazuzugewinnen, wie eine Aufreihung von Ausnahmefällen vorkommen, täuscht das. Es sind typische Geschichten, die viele Menschen erzählen, wenn man sie danach fragt. Probieren Sie es aus und fragen Sie selbst nach. Die Lerngeschichten, die Wege rauf auf die Bühne, sind bei vielen Menschen lang. Es kann eine Ermutigung sein, zu sehen, dass man öffentliches Reden lernen kann – und dass es ausreicht, okay zu sein. Brillant, eloquent und schlagfertig zu sprechen, wird überbewertet. Wichtiger ist es, auf Podien, im Leitungsgremium oder in offenen Fragerunden inhaltlich wichtige Punkte oder persönliche Sichtweisen beitragen zu können. Warum das für uns Unsicherere wichtig ist, liegt auf der Hand: Wollen wir wirklich die Bühne all denen überlassen, die felsenfest von sich überzeugt sind und sich gerne reden hören? Dafür haben wir zu viel Wertvolles zu sagen.

Einfach machen: Schritt für Schritt reden üben

Sie gehören zu den Leuten, die in Gruppen selten einen Ton sagen oder nur mit viel Überwindung? Hier bekommen Sie fünf Mini-Aufgaben, die Sie ganz bestimmt gut bewältigen können. Wenn Sie eine Stufe geschafft haben, probieren Sie das nächste Level. Wenn Sie alle Mini-Experimente gemacht haben, sind Sie schon mehr daran gewöhnt, die Stimme zu erheben. Los geht es:

1. **Anfangen:** Nehmen Sie sich vor, in einem Meeting, bei einem Treffen, in einer Gruppe von etwa 10 Leuten, wo Sie bisher noch nie etwas gesagt haben, einen Satz zu sagen. Und zwar diesen: »Ich finde genau das gut, was mein:e Vorredner:in gesagt hat.« Hier geht es nur darum, einmal Piep zu sagen und zu sehen, dass nichts Furchtbares passiert.
2. **Einen Satz sagen:** Legen Sie sich für ein Meeting, ein Treffen oder eine Vereinssitzung einen einzigen inhaltlichen Punkt zurecht, den Sie gern anbringen würden. Schreiben Sie das, was Sie sagen wollen, vorher auf. Es sollte in zwei Sätzen sagbar sein, z. B.: »Für die Jahresplanung möchte ich noch das Thema X aufnehmen.« Oder: »Haben wir schon einen Termin für Y?«
3. **Einen Beitrag planen:** Denken Sie an eine Gruppe im Beruf, in Bezug auf Care-Arbeit oder in der Freizeit, in der Sie inhaltlich etwas beizutragen hätten, sich aber oft nicht überwinden können, sich einzubringen: Bereiten Sie für die nächste Gelegenheit einen einminütigen Redebeitrag

vor, der Ihnen wichtig ist. Schreiben Sie vorher in zwei, drei Stichpunkten auf, was Sie sagen wollen. Üben Sie einmal laut, auch wenn es Ihnen übertrieben vorkommt. Bilden Sie kurze Sätze. Bleiben Sie bei einer Minute. Und dann probieren Sie es.

4. **Sich nach vorne stellen:** Gibt es eine Gelegenheit, in einem kleinen, vertrauten Kreis, z. B. auf einer Feier oder bei der Arbeit, eine einminütige Ansprache zum Geburtstag zu halten (z. B. beim Überreichen des Geschenks ein paar Worte sagen) oder einen zweiminütigen Input zu einem Arbeitsthema in einem Meeting zu geben? Probieren Sie das aus, was Ihnen leichter erscheint.
5. **Starten Sie neu bei Punkt 1** – in einer anderen fremden Gruppe. Üben Sie immer wieder alle vier Stufen durch. Sie werden sehen: Wenn Sie nach Punkt 3 oder 4 wieder bei Punkt 1 ankommen, werden Sie schon richtig Routine haben.

Wichtig: Wenn ein Schritt zu groß ist, bleiben Sie auf der Stufe, die für Sie gut machbar erscheint. Sie haben Zeit. Stressen Sie sich nicht, aber bleiben Sie dran.

PRAXIS-COACHING

MIT UNSICHERHEIT SOUVERÄN UMGEHEN

Gefühle von Verletzlichkeit und Unsicherheit gehören zum Leben. Wir können sie spüren und trotzdem all das machen, was uns wichtig ist. Wenn Ihnen dieser Gedanke durch das Lesen mittlerweile schon ein bisschen vertraut vorkommt, ist das ein großer Schritt – eine Veränderung der Haltung zur eigenen sozialen Angst. Nun ist natürlich die Frage, wie es ganz praktisch im Alltag gelingen kann, die Gefühle von Hemmung und Beklemmung wirklich anzunehmen. Und wie man es schafft, die Dinge, die einem wichtig sind, trotz aller Unsicherheit in die Hand zu nehmen und sich weiterzuentwickeln. Damit das möglich wird, finden Sie in diesem Kapitel ein Praxis-Coaching in zehn Schritten. Es hilft Ihnen dabei, einen sicheren Umgang mit der Unsicherheit zu entwickeln. Sie bekommen Tipps und Techniken, die Ihnen dabei helfen, der Schüchternheit und Unsicherheit einen guten Platz zu geben, sie ernst zu nehmen und zu regulieren, wenn sie überhandnimmt. Sie finden hier außerdem praktische Übungen für mehr Selbstmitgefühl und Akzeptanz, die Sie seelisch und mental stärken. Außerdem gibt es einige eher verhaltensorientierte Übungen, die Ihnen helfen, sich im Alltag konstruktiv den Ängsten und Unsicherheiten zu stellen und Vermeidungsverhalten aufzugeben. Reflektierende

Fragen geben Ihnen außerdem die Gelegenheit, besser einzuordnen, wo Sie mit Ihrer eigenen sozialen Ängstlichkeit im Augenblick stehen. Und last, but not least ermöglichen es die Coachingschritte, die Vorteile und Stärken einer eher sensibel-störbaren oder schüchtern-gehemmten Lebenshaltung zu erkennen und zu nutzen. Sie lernen, mehr zu sich selbst zu stehen – und Sie selbst zu sein.

Kurze Gebrauchsanweisung: Lassen Sie sich für die Übungen ruhig zwei bis drei Wochen Zeit. Gehen Sie die Schritte nach und nach an. Wenn Sie merken, dass die Übungen leicht und hilfreich sind oder sich wie eine Wiederholung anfühlen, können Sie auch schneller vorangehen. Falls Ihnen das alles ziemlich viel vorkommt, können Sie nach einem ersten Durchlesen einige wenige Schritte aufgreifen und ausprobieren. Gehen Sie dabei nach dem Lustprinzip vor, beschäftigen Sie sich mit den Übungen, die Ihnen gut gefallen. Eine Ausnahme von der Regel gibt es: Schritt sechs, in dem es darum geht, Vermeidungs- oder Sicherheitsverhalten aufzugeben, sollten Sie unbedingt wahrnehmen, wenn Sie manchen sozialen Situationen konsequent ausweichen oder Ihr Aktionsradius sich bereits stark eingeschränkt hat. Wenn Sie diesen Schritt nicht im Do-it-yourself-Modus schaffen, ist das vollkommen okay. Das könnte ein Zeichen sein, dass es passend wäre, gezielt zu diesem Thema professionelle Hilfe in einer Beratung oder Therapie zu holen. Wägen Sie also ab, wie gut Sie allein zurechtkommen, und schauen Sie, wie es Ihnen beim Ausprobieren geht und wie viel Einsatz für Sie gerade passt.

SCHRITT EINS: DA BIN ICH MIR UNSICHER

Das Gefühl von Unsicherheit in sozialen Situationen ist oft diffus. Viele Menschen fragen sich, warum sie sich in Gesellschaft unbehaglich fühlen, können nicht genau sagen, ob es sich um Lustlosigkeit, Angst, Unsicherheit oder eine Art vorauseilende Betretenheit handelt. Andere Menschen fühlen sich zwar so gut wie nie ängstlich oder unsicher, doch das kann daran liegen, dass sie bestimmte Situationen vermeiden, in denen sie sich gehemmt fühlen könnten. Wieder andere sind tatsächlich nur ein bisschen schüchtern und haben kaum mit Unsicherheiten zu tun. In diesem ersten Schritt bekommen Sie einen Fragebogen zur Bestandsaufnahme. Sie finden heraus, wann und wie sehr Sie im Alltag zu Unsicherheit neigen, und reflektieren auch darüber, was Sie gern verändern wollen. Beantworten Sie die Fragen auf der Liste möglichst ehrlich. Es sieht Sie ja keiner. Machen Sie sich dabei frei von dem Anspruch auf Vollständigkeit und antworten Sie spontan aus dem Bauch heraus.

FRAGEBOGEN: ICH, EINFACH UNSICHER

Wo sind Sie im Moment unsicher? In welchen sozialen Situationen befürchten Sie, von anderen bewertet zu werden oder nicht gut dazustehen?

Warum ist das so? Was hat das für Gründe?

In welchen sozialen Situationen fühlen Sie sich sicher und gut und haben keine Angst vor Bewertung oder davor, abgelehnt zu werden?

Warum ist das so? Was hat das für Gründe?

Denken Sie an eine typische Situation, in der Sie unsicher sind. Welche Gedanken und Gefühle haben Sie? Schreiben Sie ein paar typische auf.

Hand aufs Herz: Welche Situationen vermeiden Sie komplett, damit Sie sich nicht unsicher oder ängstlich fühlen? Nennen Sie zwei oder drei. Wenn es mehr sind, schreiben Sie mehr auf. Wenn es weniger sind, dann können Sie das hier auch festhalten.

Tipp

Wenn Sie oft ins Vermeiden gehen – nicht mehr im Team reden, Partys meiden, Freunden absagen, im Job fehlen –, ist das ein Zeichen, unbedingt wieder »aufs Pferd zu steigen« und nach und nach zu üben, wieder selbstverständlicher mit den entsprechenden sozialen Situationen umzugehen. Nutzen Sie, wenn Sie das betrifft, unbedingt Schritt sechs.

Wie stark beeinträchtigt Sie Ihre soziale Unsicherheit? Schätzen Sie auf einer Skala von 1 bis 10, wie sehr die Unsicherheit Sie in einzelnen Lebensbereichen beeinträchtigt (1 gar nicht und 10 sehr stark).

Arbeit und Anerkennung:

1 2 3 4 5 6 7 8 9 10

Freunde und soziales Umfeld:

1 2 3 4 5 6 7 8 9 10

Freizeit und Hobby:

1 2 3 4 5 6 7 8 9 10

Partnerschaft und Liebe:

1 2 3 4 5 6 7 8 9 10

Gesundheit und Körper:

1 2 3 4 5 6 7 8 9 10

Sinn und Werte:

1 2 3 4 5 6 7 8 9 10

Finanzen, Sicherheit und Wohnen:

1 2 3 4 5 6 7 8 9 10

Familie und Kinder:

1 2 3 4 5 6 7 8 9 10

Notieren Sie hier noch mal, in welchen Bereichen Sie aufgrund der Angst vor Bewertung belastet sind und in welchen Bereichen Sie gut zurechtkommen.

Schreiben Sie auf, wie stark die Beeinträchtigung ist (wenig/mittel/stark) und was das für Sie bedeutet.

Gibt es etwas, was Sie verändern wollen? Was würden Sie gern wieder können?

Wie gut können Sie Ihre Unsicherheit annehmen? Wann bleiben Sie freundlich zu sich selbst, wann kämpfen Sie gegen die Emotionen der Gehemmtheit oder Peinlichkeit an?

Dieses Buch heißt »Die Kraft der Unsicherheit«. Haben Sie bereits Stärken und Vorteile entdeckt, die in Zweifel, Unsicherheit, Hemmung oder Sensibilität stecken? Schreiben Sie ein paar Zeilen dazu.

Stellen Sie sich vor, es gibt einen Aufsatz mit dem Titel »Unsicher ist stärker«. Fällt Ihnen eine Geschichte oder Situation aus Ihrem Leben dazu ein?

Welche äußeren Bedingungen, Neuerungen und Umstände verstärken Ihre Unsicherheit?

Welche äußeren Bedingungen, Neuerungen und Umstände geben Ihnen ein Gefühl von Sicherheit?

Lesen Sie sich abschließend alle Fragen und Antworten noch einmal durch. Welches Thema, welche Frage, beschäftigt Sie gerade jetzt? Formulieren Sie einen Aspekt oder eine soziale Situation, auf die Sie besonders schauen wollen.

SCHRITT ZWEI: WÜNSCHE UND ZIELE FINDEN

Was will ich verändern und wenn ja, warum? Mit dieser Frage beschäftigen Sie sich in diesem zweiten, kompakten Schritt. Die Grundidee: Unsichere Gefühle, Schüchternheit oder Angst in bestimmten Situationen sind nicht per se schlecht. Sie werden erst quälend, wenn sie uns an bestimmten Dingen hindern, die uns wichtig sind, wenn sie den Kontakt mit anderen stark einschränken oder emotional zur Dauerbelastung werden. Fragen Sie sich hier einmal, was sich in Ihrem Leben verändern soll, welche Wünsche, Bedürfnisse und Ziele Sie in Bezug auf den Umgang mit Unsicherheit haben. Viele Menschen äußern spontan den Wunsch »Ich will nicht mehr unsicher sein« oder »Ich will keine Angst mehr haben«.[110] Aber das ist unrealistisch. Schauen Sie lieber, welche positiven gegenwarts- und zukunftsorientierten Wünsche es gibt: Was will ich machen? Was will ich wieder erleben? In welche Bereiche will ich mich (wieder) vorwagen? Wie will ich mich fühlen?

Schreiben Sie jetzt und hier zwei Wünsche, Bedürfnisse, Träume, Ziele auf. Oder Situationen, die Sie gern (wieder) erleben oder selbstverständlicher genießen würden – obwohl Sie sich dabei auch etwas unsicher fühlen. Falls Sie Inspiration brauchen: Im folgenden Kasten sind einige typische Wünsche und Ziele aufgelistet.

1.

2.

Was ich gern trotz Unsicherheit tun würde

Zuverlässig mit Freundinnen und Freunden treffen + Nein sagen, wenn einem danach ist + Aktionsradius erweitern + Neues lernen + sich für eine andere Position bewerben, in der andere einen mehr bewerten + zu sich selbst stehen und auch mal von sich selbst erzählen + so sein, wie man wirklich ist + gelassener sein + in Gruppen Sport machen, verreisen, lernen etc. + Partys machen, Feste feiern, andere einladen + neue Leute kennenlernen + eine:n Partner:in kennenlernen + sich annehmen, wie man ist + sich mit allen Seiten, auch mit der Unsicherheit, zeigen + in der Gruppe reden und eigene Meinung vertreten + mehr Geld verdienen, mehr Risiken eingehen + zeigen, was man kann und will + sich im Kontakt freier fühlen und spontaner reagieren + sich auf sich selbst konzentrieren und nicht auf andere.

Haben Sie zwei Punkte gefunden? Malen Sie sich noch einmal genau aus, was Sie alles tun könnten, was Sie erleben, wie Sie sich fühlen würden, wenn Sie einen anderen Umgang mit Unsicherheit hätten als bisher. Stellt sich ein Gefühl ein? Ein Bild? Ein Ausblick? Machen Sie einen Schnappschuss – und beschreiben Sie ihn so konkret wie möglich.

Der Schnappschuss ist eine Motivationshilfe, eine Aussicht, wohin es gehen kann. Sie haben dann eher vor Augen, wofür es sich lohnt, sich mit der Unsicherheit zu beschäftigen. Das Bild hilft ihnen, weiterzumachen, wenn Sie mal den Mut verlieren, die Angst sehr groß wird oder andere Durststrecken zu überwinden sind.

SCHRITT DREI: DIE UNSICHERHEIT EINLADEN, DABEI ZU SEIN

Vielleicht erinnern Sie sich an den Satz des Psychiaters Milton Erickson: »Wenn du etwas stärken willst, bekämpfe es.«[111] In verschiedenen Kapiteln wurde betont, dass es in vielen Fällen hilfreich ist, die Emotionen von Unsicherheit, Scham oder sozialer Angst als gegeben zu akzeptieren. In diesem Schritt geht es nun konkret darum, wie es Ihnen selbst gelingen kann, Unsicherheit und Schüchternheit nicht weiter zu bekämpfen, sondern sie einzuladen, mit dabei zu sein. Es bietet sich an, das anhand einer konkreten Situation zu üben. Entweder eine, die Sie häufig vermeiden – aber gern wieder öfter erleben würden. Oder eine, die Sie ohnehin ständig erleben, in der Sie aber leiden, weil sie fürchten, negativ bewertet zu werden: Geht es darum, in einer Fortbildung zu sitzen, in einer großen Runde Fragen zu stellen, mit Freunden um einen Tisch zu sitzen oder ein Date durchzustehen? Wählen Sie eine für Sie mittelschwere Situation aus der letzten Zeit aus, in der sich Unsicherheit gezeigt hat. Oder eine mittelschwere Situation, die Sie häufiger vermeiden, weil Sie befürchten, dass Sie sich dort blamieren.

Beschreiben Sie die Situation erst einmal so klar wie möglich. Was ist bzw. was war das für eine Situation? Wo sind Sie, was machen Sie? Welche Leute sind da? Was sagen Sie, was sagen Sie nicht? Welche Unsicherheiten erleben Sie? Was ist trotz allem schön?

Begeben Sie sich jetzt noch intensiver in die Situation und geben Sie Ihrer Unsicherheit eine Stimme: Welche Befürchtungen haben Sie? Was denken und fühlen Sie? Welche Zweifel, Kritik, Anmerkungen hat die unsichere Stimme? (Zum Beispiel: »Sie werden mich nicht mögen«, »Hilfe, ich werde rot«, »Ich fühle mich hier einfach nicht wohl und sollte lieber abhauen …« oder »Ich weiß nicht, was ich sagen soll«.)

Können Sie sich vorstellen, der inneren unsicheren Stimme eine Gestalt zu geben? Es kann ein Tier sein, eine Figur, die einen Namen hat. Stellen Sie sich Ihren unsicheren Anteil so plastisch und so lebendig wie möglich vor. Wie sieht er aus?

Tipp

Wenn Ihnen das bildliche Vorstellen nicht liegt, geben Sie der unsicheren Stimme einen freundlichen, liebevollen Namen, z. B. »das Häschen«, »der unsichere Vogel«, »die Frau, die zweifelt« etc.

Probieren Sie nun, die unsichere Seite zu interviewen. Stellen Sie ihr Fragen: Was brauchst du von mir? Was hilft dir? Was kann ich für dich tun? Wie kann ich dich so beruhigen, dass du gut mit dabei sein kannst? Was willst du mir sagen, worauf sollte ich achten? Lauschen Sie, was diese zweifelnde, unsichere oder kritische Seite zu sagen hat, wenn Sie ihr all diese Fragen stellen. Schreiben Sie die Antworten hier auf.

Gehen Sie jetzt noch einen Schritt weiter, und überlegen Sie, wo Sie der unsicheren Stimme auf eine umsichtige, freundliche, tröstende oder souveräne Art antworten könnten. Haben Sie eine fürsorgliche Antwort, können Sie die Unsicherheit beruhigen und ihr einen guten Platz geben? Probieren Sie es mit einem Satz. Im folgenden Kasten finden Sie einige mitfühlende, freundliche Sätze, mit denen Sie gemeinsam in die Situation gehen könnten.

Fürsorgliche Sätze für die Unsicherheit

Hey, ich bin für dich da. + Du bist ängstlich oder unsicher, aber ich bin bei dir. + Du bist ganz schön emotional, aber das ist okay. + Komm, ich nehme dich an die Hand, und wir stehen die Situation zusammen durch. + Du bist nicht allein, ich bin die ganze Zeit da. + Ich habe dich gern, ich glaube an dich. + Ich weiß, dass wir das zusammen schaffen. + Du bist gut so, wie du bist. + Es ist okay, dass du unsicher bist. Das geht auch wieder vorbei. + Ich achte auf dich. + Ich unterhalte mich hier jetzt, aber ich habe dich immer im Blick. + Es geht nicht darum, was die anderen denken. + Ich denke, wir kriegen das hier hin.

Das innere, einladende Gespräch mit der unsicheren Seite können Sie zunächst in ganz alltäglichen Situationen üben. Nehmen Sie die Unsicherheit mit zum Bäcker, in den Bus, in den Job, und stärken Sie die Verbindung, indem Sie der unsicheren Seite immer wieder zu verstehen geben, dass sie da sein darf – und dass Sie dafür sorgen, dass alles gut gehen wird.

Probieren Sie diese Technik bald in einer Situation aus, in der Sie sich normalerweise unsicher fühlen. Nehmen Sie die Unsicherheit an die Hand und gehen Sie mit ihr durch die Situation.

Sie können hier aufschreiben, wie Sie sich dabei fühlen, was erstaunlich einfach oder was erstaunlich schwer war.

Tipp

Sehen Sie sich als erwachsene, vielschichtige Person, die ihre Unsicherheit nicht wegschiebt oder im Stich lässt, sondern ihr signalisiert, dass Sie sich kümmern und da sind. Üben Sie das immer wieder. Das ist eine gute Basis für alles andere.

SCHRITT VIER: MEHR SELBSTFÜRSORGE

Wir machen jetzt einen Zwischenschritt: Machen Sie sich noch einmal klar, dass sich Unsicherheit potenziert, wenn Menschen im Stress sind. Und wenn sie, statt sich liebevoll zu kümmern, über sich selbst schimpfen und sich dafür fertigmachen, dass sie sich gerade wackelig fühlen. Die amerikanische Bestsellerautorin und Sozialarbeiterin Brené Brown beschreibt in ihren Büchern immer wieder, dass es wichtig ist, die eigene Verletzlichkeit mehr zuzulassen, ihr zugewandter zu begegnen.[112] Ganz egal, ob es sich um einen Moment des Scheiterns handelt, eine Trennung, eine ungeliebte Emotion wie Unsicherheit oder Wut oder um eine echte Blamage, es hilft, sich angesichts all solcher Momente der Unvollkommenheit gut und fürsorglich zu behandeln. Im letzten Schritt haben Sie diese fürsorgliche Haltung bereits geübt. Jetzt geht es darum, die selbstfürsorgliche Haltung ganz allgemein noch mehr zu stärken. In Trainings zum Thema Mindful Self-Compassion (MSC) gibt es dazu eine Vielzahl an Übungen. Die Psychologin Christine Brähler, die in Deutschland das Thema vertritt, zeigt zum Beispiel in ihren Büchern, wie wir uns selbst behandeln können, als wären wir uns selbst ein:e mitfühlende:r Freund:in.[113] Probieren Sie die Übung dazu nun aus, und versuchen Sie, diese im Alltag immer wieder anzuwenden.

Übung: mitfühlend und freundlich sein

Denken Sie noch einmal an eine Situation aus den letzten Wochen, in der Sie das Gefühl hatten, nicht souverän genug zu sein, sich irgendwie bewertet und ausgeschlossen gefühlt haben, Angst hatten, nicht gemocht zu werden. Führen Sie sich die Situation so klar wie möglich vor Augen. Machen Sie nun bewusst einen Schritt in die Distanz und stellen Sie sich neben die Situation wie ein:e Beobachter:in. Überlegen Sie vom Rand des Geschehens aus, wie Sie mit der Situation mitfühlend umgehen könnten, welche freundlichen, entlastenden Sätze Sie sagen könnten, um sich selbst liebevoll durch die Situation zu begleiten. Damit das noch leichter gelingt, stellen Sie sich vor, Sie wären nicht Sie selbst, sondern ein:e Freund:in, der oder die Ihnen tröstende, stärkende, beschützende, aufmunternde Worte und Gesten zukommen lässt. Was tut sie/er, was sagt sie/er? Finden Sie ein paar Sätze. (Falls es Ihnen schwerfällt, schauen Sie sich den Kasten mit den mitfühlenden Sätzen aus Schritt drei an.) Formulieren Sie ein oder zwei mitfühlende Sätze so, wie Sie es als Freund:in sagen würden, wie es sich für Sie gut anhört und passt. Fürsorgliche und mitfühlende Sätze müssen nicht originell sein, aber es ist gut, wenn Sie den Trost spüren, der davon ausgeht.

Sie können die Technik in vielen Situationen anwenden, in denen Sie sich unsicher fühlen oder Angst vor Bewertung haben. Üben Sie im Alltag immer wieder, die Perspektive des mitfühlenden Freundes, der mitfühlenden Freundin einzunehmen. Erinnern Sie sich bei Pleiten, Pech und Pannen immer wieder an die Frage: »Was würde jetzt ein:e mitfühlende:r Freund:in mir sagen? Was würde er oder sie mir an Trost und Hilfe anbieten? Welchen Satz würde er oder sie sagen?« Sie lernen dann, sich daran zu gewöhnen, eine Haltung anzunehmen, in der Sie wohlwollender zu sich selbst sein können.

SCHRITT FÜNF: MIT SELBSTKRITISCHEN STIMMEN ANDERS UMGEHEN

Wer oft unsicher ist oder sich darum sorgt, welches Urteil andere für einen bereithalten, hat häufig in der eigenen Lebensgeschichte mit kritischen Bewertungen zu tun gehabt. Wichtige Bezugspersonen, zum Beispiel die Eltern, waren dann vielleicht oft kritisch und abwertend. Oder so streng und leistungsorientiert, dass sie nicht nur sehr hohe Maßstäbe angesetzt haben, sondern auch ausgestrahlt haben, dass man als Kind nur geliebt wird, wenn man gut funktioniert. Es geht an dieser Stelle nun einmal darum, sich zu fragen, welche kritischen Prägungen und selbstkritischen Urteile Sie verinnerlicht haben. Es muss keine tiefschürfende Analyse der Kindheit werden, es reicht, sich klarzumachen, ob es ein oder zwei typische selbstkritische Sätze oder Haltungen gibt, die Sie immer wieder bei sich erleben und auch von Ihren Eltern oder anderen nahen Bezugspersonen kennen.

Denken Sie erst einmal wieder an eine typische Situation aus der letzten Zeit, in der Sie unsicher waren, Angst vor Bewertung hatten oder befürchteten, dass andere Sie abwerten oder ausschließen könnten. Welche inneren Befürchtungen, welche Sätze, welche kritischen, zweifelnden, entwertenden Urteile sind dort aufgetaucht?

Wissen Sie noch, wo Sie diese Sätze als Kind oder Jugendliche:r gehört haben? Können Sie verorten, woher diese Prägungen kommen? Wer Ihrer Bezugspersonen hätte diese Sätze sagen können?

Zu wissen, woher bestimmte kritische Sätze kommen, und zu entdecken, wie sehr sie sich in die Gegenwart ziehen und wie sehr wir sie dort auch immer wieder wahrnehmen, ist für viele Menschen eine wichtige Erkenntnis. Sie hilft, sich ein wenig zu distanzieren und klarer zu sehen. Allerdings wird der sogenannte »innere Kritiker« allein dadurch nicht schwächer. Es stellt sich also die Frage, wie Sie mit kritischen Gedanken, Bewertungen, Selbstbeschuldigungen in Zukunft umgehen können. In der Akzeptanz- und Commitment-Therapie (ACT) geht man heute davon aus, dass es nicht möglich ist, die kritischen Sätze auszulöschen oder zu überschreiben.[114] Es ist aber hilfreich, zu den altbekannten selbstabwertenden Sätzen noch mehr auf Distanz zu gehen und sie dadurch zu entkräften. Es gibt eine Reihe von Distanzierungstechniken, die Ihnen dabei helfen können, die kritischen Sätze, das Nörgeln und die Furcht vor Bewertung mehr zu relativieren, ohne sie zu bekämpfen. Hier bekommen Sie drei sogenannte Defusions-Techniken vorgestellt,[115] mit denen eine Distanzierung zum inneren Kritiker möglich wird. Schauen Sie noch mal auf die kritischen, abwertenden Sätze, die Sie oben formuliert haben – und wenden Sie die Techniken an:

Übung: Dialekt oder Refrain eines Liedes

Probieren Sie, die alten, kritischen Sätze, die Sie schon lange und gut kennen, ein wenig ins Lächerliche zu ziehen. Singen Sie einen Satz wie »Ich bin nicht gut genug« oder »Alle werden mich anstarren« oder »Ich werde schwitzen und keiner wird mich mögen« wie einen alten Gassenhauer, ein Seemannslied, einen Fußball-Fan-Gesang oder einen Schlager mit Ufftata oder Schalala. Schunkeln Sie dazu oder tanzen Sie. Sie können auch versuchen, wie es wirkt, wenn die kritischen Sätze in einem Dialekt (»De Lück künne dich ni mi sähe« statt »Keiner wird mich mögen« oder »Des is allemol komplett danäbe« statt »Du bist allen peinlich«) gesagt werden. Experimentieren Sie. Schreiben Sie drei oder vier neue Sätze auf.

Das hier ist albern? Gut so! Suchen Sie den Satz aus, über den Sie selbst unfreiwillig schmunzeln oder sogar lachen müssen. Humor ist eine gute Art, um sich zu distanzieren.

Übung: Zettel in der Tasche

Schreiben Sie drei typische kritische Sätze, Befürchtungen oder negative Bewertungen auf einen Zettel (z. B. »Du wirst dich blamieren«, »Sie werden mich alle doof finden« oder »Du warst doch schon immer ungeschickt«). Falten Sie den Zettel und stecken Sie ihn in eine Jackentasche. So nehmen Sie die kritischen Sätze zwar mit, aber brauchen sie nicht mehr ständig zu denken, denn in der Jackentasche sind sie weit weg.

Übung: buchstabiere es!

Die einfachste und oft wirkungsvollste Art der Distanzierung erreichen Sie, wenn Sie einen häufig gedachten kritischen Satz einfach buchstabieren oder in Zeitlupe vor sich hinsagen, wie eine zu langsame Schallplatte. Nehmen Sie einen Satz wie »Alle werden mich hassen«. Machen Sie daraus »A – L – L – E – W – E – R – D – E – N – M – I – C – H – H – A – S – S – E – N«. und merken Sie, wie der Sinn des Satzes entkräftet oder ins Lächerliche gezogen wird. Genauso ist es, wenn Sie in Zeitlupe sprechen: »Aaaallleeee weeeerdeenn miiich haaasssön.« Probieren Sie das auch mit einem typischen kritischen oder Katastrophensatz aus, den Sie in sozialen Situationen über sich denken.

Wichtig: Es müssen nicht alle Übungen gleich gut wirken. Es reicht, wenn Sie bei einer der vorgestellten Techniken den Eindruck haben, dass sie ein wenig Distanz und Humor in die Sache bringt. Suchen Sie aus, welche es am ehesten ist, und wenden Sie die Technik im Alltag immer wieder an. Das hilft, dem Kritiker auf eine spielerische Art die Macht zu nehmen.

SCHRITT SECHS: VERMEIDUNGSVERHALTEN AUFGEBEN

In Sachen Selbstkritik und Unsicherheit hilft oft eine akzeptierende Haltung. Oder, um allzu kritische Stimmen zu regulieren, ein gleichzeitig akzeptierender, aber distanzierter Umgang. Ein bisschen mehr an Hilfestellung brauchen Sie wahrscheinlich, wenn Sie zu den Menschen gehören, die bestimmten sozialen Situationen eher ausweichen und sich oft zurückziehen. Oder wenn Sie in Unsicherheitsmomenten starke Angst und Panik bekommen, zum Beispiel mit Schwitzen, Herzklopfen, Rotwerden reagieren und/oder Fluchtimpulse haben. Wenn Sie sich an dieser Stelle wiederfinden und das Gefühl haben: »Ja, Flüchten und Vermeiden ist tatsächlich meine Strategie im Umgang mit meiner Unsicherheit«, dann ist dieser Schritt für Sie vielleicht der wichtigste im Coaching. Hier können Sie versuchen, selbst daran zu arbeiten, die Vermeidung zu überwinden. Sie bekommen im Folgenden fünf hilfreiche Strategien für den Umgang mit Situationen, die Sie bisher vermeiden.

Ganz wichtig: Unsicherheit und soziale Angst werden dadurch gelindert, dass wir alltägliche Situationen durchstehen, vor denen wir uns fürchten, in denen die Angst vor Bewertung und eine gewisse Peinlichkeit auftreten. Nur so können wir die Erfahrung machen, dass vieles, was man befürchtet, gar nicht eintritt bzw. dass Angst und Unsicherheit vorübergehen.

1. WO GEHT ES LANG?

Suchen Sie zunächst eine Situation aus, die Sie meistens vermeiden oder zu umgehen versuchen. Wählen sie eine mittelschwere

Unsicherheitssituation, also eine, die Sie durchstehen können, aber die sie nicht mögen. Schreiben Sie hier auf, welche es ist:

2. TERMINE MACHEN

Verpflichten Sie sich nun, diese Situation aufzusuchen und durchzustehen. Tragen Sie hier zwei bis drei konkrete soziale Situationen als Termine ein, die Sie in der nächsten Woche durchstehen werden. (Z. B.: »Montags beim Elternnachmittag im Kindergarten dabei sein«, »Samstags zwei Stunden zum Grillen mit den Nachbarn gehen«, wenn es um Unsicherheit in informellen sozialen Situationen geht. Wenn es eher um Leistungs- und Beobachtungs-Situationen geht, könnten die Termine z. B. lauten: »Im Meeting am Dienstag zweimal etwas sagen«, »Das anstehende Gespräch mit der Chefin vorbereiten und führen«.)

Nun bereiten Sie sich auf die Situationen vor, indem Sie hilfreiches Verhalten und Denken einüben – und dann das nächste Mal, wenn Sie sich der Situation stellen, anders vorbereitet sind und ein bisschen anders handeln können.

3. BERUHIGENDE GEDANKEN FINDEN

Überlegen Sie, welche typischen Katastrophengedanken und Befürchtungen Sie haben, wenn Sie in eine unsichere Situation gehen. Nennen Sie ein paar dieser Gedanken, und überlegen Sie, welche entkräftenden oder beruhigenden Gedanken Sie sich stattdessen sagen können. Der Kasten unten wurde vom Verhaltenstherapeuten Thorsten Padberg für dieses Coaching entwickelt und hilft Ihnen dabei, typische ungünstige Gedanken zu erkennen und durch andere zu ersetzen.[116]

Ängstliche Gedanken:

Beruhigende, neutralisierende Gedanken:

Anderes denken

Hier finden Sie einige typische Gedanken, die Unsicherheit und körperliche Angstsymptome anstacheln. Und Sie finden typische Sätze, wie Sie diese entkräften.

Ängstlicher Gedanke: »Hilfe, ich werde rot. Hilfe, ich schwitze, das kann man so nicht durchalten.«
Beruhigender Gedanke: »Ich spüre meine Unsicherheit auch körperlich, aber sie wird wieder abklingen. Mir kann nichts passieren.«

Ängstlicher Gedanke: »Es ist mir peinlich, hier herumzustehen und nichts zu sagen. Alle werden merken, wie unsicher ich bin.«
Beruhigender Gedanke: »Auch wenn die anderen bemerken, dass ich nicht ganz auf der Höhe bin – was soll es? Es geht ja auch wieder vorbei.«

Ängstlicher Gedanke: »Ich bin immer so schlecht in diesen Situationen, ich kann das nicht!«
Beruhigender Gedanke: »Die Situation ist unangenehm, aber ich kann durchkommen.«

Ängstlicher Gedanke: »Wenn ich jetzt etwas Peinliches sage oder tue, dann wird das eine katastrophale Folge für mich, meine Familie, mein Ansehen etc. haben.«
Beruhigender Gedanke: »Der Moment ist ein bisschen seltsam, aber so schlimm, wie ich mir das ausmale, ist es nicht.«

4. AUFMERKSAMKEIT AUF DIE SOZIALE SITUATION LENKEN

Üben Sie vorher, in Situationen mit anderen die Aufmerksamkeit weg von der Innenwelt – von Ihren Gefühlen und Gedanken – zu lenken und sich ganz bewusst auf die äußere, soziale Situation zu fokussieren, um die es geht. Überlegen Sie einmal, auf welche Details im Gespräch Sie gern Ihre Aufmerksamkeit richten würden, z. B. auf die Stimmlagen des Gegenübers (Fokus aufs Hören), auf ein bestimmtes Thema während des Meetings (mitschreiben, das Thema erfassen, zur Sache diskutieren), aufs gemeinsame Tun in der Situation (ein Spiel beim Kindergartennachmittag aussuchen, bei der Party zusammen tanzen). Schreiben Sie hier auf, wohin Sie im Außen Ihre Konzentration lenken wollen.

5. KONTROLLIERENDES VERHALTEN WEGLASSEN.

Sie haben Angst zu schwitzen und gehen deshalb dauernd aufs Klo, um sich Wasser über die Hände laufen zu lassen? Sie fürchten, etwas Peinliches zu sagen, und schweigen deshalb? Sie haben Angst vor Small Talk und trinken deshalb schon vor dem Treffen mit Bekannten einen Prosecco? Sie gehen nur stark geschminkt aus dem Haus und gern in dunkle Räume, damit niemand sieht, dass Sie rot werden? Verhaltensweisen, mit denen man versucht, eine Situation unter Kontrolle zu bringen oder Unsicherheit in Schach zu halten, wird als »Sicherheitsverhalten« bezeichnet. Solche Handlungen erscheinen erst mal folgerichtig, sind aber anstrengend und machen es auf Dauer schwerer, die soziale Situation zu meistern. Denn man konzentriert sich immer stärker nur auf das Sicherheitsverhalten. Versuchen Sie, ausgeprägtes Sicherheitsverhalten ab jetzt gezielt wegzulassen.

Welches Sicherheitsverhalten erkennen Sie? Wo könnte es sich lohnen, kontrollierendes Verhalten wegzulassen?

Denken Sie daran, was Sie unter Punkt drei und vier geübt haben: Statt auf die Sicherheitsverhaltensweisen konzentrieren Sie sich ab jetzt mehr auf beruhigende, sachliche Gedanken und lenken die Aufmerksamkeit nach außen – auf die Gesprächssituation selbst.

Wenn Sie all diese Schritte verstanden und geübt haben, gehen Sie in die Situation. Wenn Sie das große Überwindung kostet, stellen Sie sich unbedingt noch mal vor, dass die Unsicherheit oder soziale Angst zwar ein Teil von Ihnen, aber nicht mit Ihnen identisch ist. Sie können sich das vor Augen halten und Mut machen, indem Sie zum Beispiel sagen: »Meine Unsicherheit und ich gehen jetzt zum Elternsprechtag.« Oder: »Ich fühle mich jetzt unsicher, aber ich bin auch ein bisschen neugierig.« Überlegen Sie mal, welcher Satz Ihnen helfen kann, sich daran zu erinnern, dass Unsicherheit und soziale Angst nur ein Teil von Ihnen sind – und Sie noch andere, oft selbstverständlich sichere Seiten haben.

Probieren Sie es aus! Denken Sie daran: Sie müssen nicht erst selbstsicherer werden, um irgendwas zu tun, was Ihnen wichtig ist. Wenn Sie es einfach tun, ist es irgendwann nicht mehr so entscheidend, ob Sie nun selbstsicher sind oder nicht.

Wenn Sie das Gefühl haben, dass Sie diese Übung auf keinen Fall alleine schaffen und Sie sich überfordert fühlen, ist das vollkommen okay. Sie müssen diese Veränderungen nicht alleine machen. Es kann sich an diesem wichtigen Punkt lohnen, sich Hilfe zu holen. Wer viele soziale Situationen vermeidet, kann von einer kurzen Verhaltenstherapie sehr profitieren.

SCHRITT SIEBEN: WAS GUT GELAUFEN IST

Sie haben sich nun mit Situationen auseinandergesetzt, die Ihnen schwerfallen, die nicht selbstverständlich zu meistern sind. Nun ist es Zeit, auf die Plus-Seite zu schauen und sich an eigenen Stärken zu orientieren. Fangen Sie doch damit an, nach sozialen Situationen Ausschau zu halten, in denen Ihnen das Dableiben, mit anderen zu reden, die eigene Meinung zu äußern, entspannt zu bleiben, gut gelungen ist. Situationen, in denen Sie sich halbwegs sicher gefühlt haben oder immer wieder fühlen. Los geht es:

Denken Sie an die letzten ein oder zwei Monate, und überlegen Sie, ob Sie eine soziale Situation finden – die sonst ein Gefühl von Unsicherheit auslösen kann –, in der sich Angst und Unbehagen nicht gesteigert haben oder von Anfang an gar nicht besonders stark da waren. Oder denken Sie an eine Situation, in der Sie mit anderen Menschen zusammen sind und eh kaum Unsicherheit spüren. Beantworten Sie dazu folgende Fragen:

In welchen sozialen Situationen aus der letzten Zeit haben Sie etwas erzählt, geleistet, vor anderen vertreten oder die Führung übernommen, ohne dass die Unsicherheit überhandgenommen hat?

Was hat Ihnen geholfen, die konkrete Situation zu meistern? Welche eigenen Fähigkeiten, Haltungen, Handlungen haben Sie eingesetzt? Um welche Menschen ging es? Welche Umstände,

Rahmenbedingungen, Vorbereitungen, Strategien? Schreiben Sie das hier auf.

In welchen Situationen haben Sie sich beim Small Talk okay gefühlt, mit Leuten gesprochen, die Sie nicht gut kannten, eine Zusammenkunft gut oder sogar unbeschwert gemeistert?

Was hat Ihnen geholfen, die Situation zu meistern oder sogar zu genießen? Welche eigenen Fähigkeiten, Haltungen, Handlungen haben Sie eingesetzt? Welche Menschen waren da? Welche Umstände, Rahmenbedingungen, Vorbereitungen, Strategien? Schreiben Sie das hier auf.

Ziehen Sie Fazit: Was können Sie gut? Was sind Ihre Stärken in sozialen Situationen und im Kontakt? Welche Rahmenbedingungen helfen Ihnen? Mit welchen Menschen ist es leichter? Welche Erkenntnisse und Strategien könnten Sie mehr und umfassender nutzen als bisher?

Verbundenheit schaffen

Viele Menschen merken, dass ihre Unsicherheit abnimmt, wenn sie mit anderen in Verbindung sind, wenn vertraute Menschen in einer Situation dabei sind, wenn es Leute gibt, die in die Unsicherheit eingeweiht sind und zur Not einspringen. Oder wenn es in einer Runde oder einem Team einen offeneren Umgang mit Schwächen, Straucheln, Scheitern gibt. Sich humorvoll oder offen mit den eigenen Schwächen zu zeigen, kann viel an einer verkrampften Situation verändern. Probieren Sie aus, was zur Situation passt und Ihnen persönlich hilft. Häufig sind andere erleichtert, wenn man laut denkt und zugibt, dass man in einer bestimmten Leistungssituation oder Kennenlernphase strauchelt. Offenheit ist Verletzlichkeit. Verletzlichkeit schafft Verbindung. Und Verbindung gibt Sicherheit.

SCHRITT ACHT: ZU SICH SELBST STEHEN

Es lohnt immer, sich an Ressourcen zu orientieren. Deshalb geht es auch hier um Sie und Ihre Stärken und darum, wie es gelingen kann, zu sich selbst zu stehen. Sie entwerfen in diesem Schritt ein Bild davon, wer Sie sind und was Sie ausmacht, mit allen Facetten und in Ihrer persönlichen Einzigartigkeit. Vielleicht kennen Sie die Metapher von den Schneeflocken, die äußerlich alle ähnlich wirken, aber bei genauem Betrachten hat jede ihre ganz eigene Schönheit.

Bei Menschen ist es genauso. Sie sind einzigartig, mit all ihren Stärken, Besonderheiten, Schwächen, Albernheiten und Talenten. Hier können Sie mit einer eher kreativen Übung schauen, was Sie ausmacht, welche Stärken und Schwächen, Talente und Eigenheiten sich bei Ihnen zu einem Gesamtbild zusammenfügen. Binden Sie die unsicheren, sensiblen und störbaren Seiten ebenso ein wie die Talente und Fähigkeiten. Sammeln Sie nun zunächst einmal assoziativ etwa zehn bis zwanzig Begriffe, mit denen Sie sich selbst beschreiben: Wer sind Sie in der Welt, was macht Sie aus, was sind Stärken und Schwächen, was ist eigenartig, besonders, seltsam, was ist unspektakulär und irgendwie wie bei vielen anderen auch? Dazu noch ein Tipp: Nutzen Sie dabei alle Sinne und beschreiben Sie sich ein bisschen poetisch. Überlegen Sie zum Beispiel, ob es Farben gibt, die Sie beschreiben, eine Art, sich zu bewegen oder Sport zu machen; gibt es Tiere, Filmfiguren, Gebäude, Bücher, Pflanzen, Landschaften, die Ihre Eigenheiten, Stärken, Einzigartigkeiten oder auch ihre Schwächen, Ticks und Macken beschreiben?[117]

Hier können Sie die Wörter sammeln, die Sie beschreiben:

Schreiben Sie nun eine Art Mini-Geschichte – zum Beispiel zwei bis drei Sätze –, in der möglichst viele der Wörter vorkommen, die beschreiben, was Sie ausmacht, was Sie an sich mögen bzw. was Sie vielleicht nicht mögen, aber nicht wegzudenken ist. Probieren Sie es aus. Schreiben Sie in Ich-Form und so, als wäre es eine poetische Short Story oder ein Gedicht, das sich nicht reimt. (Z. B.: »Ich bin blau, immer auf dem Sprung, ein Nordseesturm, ganz schön zappelig, klappere mit den Augen, kriege alles mit, wittere den Ärger, wenn andere noch schlafen. Aber ziemlich gelassen, wenn kühl gerechnet werden muss.«) Hier haben Sie Platz für Ihre Mini-Geschichte über sich selbst und Ihre Besonderheiten.

Was für ein Gefühl löst diese Selbstbeschreibungs-Geschichte bei Ihnen aus?

Falls Sie das stärkt, denken Sie im Alltag immer mal wieder an diese Zeilen.

Tipp

Wenn Sie solche bildlich-kreativen Übungen nicht mögen oder keinen Zugang dazu finden, dann wandeln Sie die Aufgabe ab. Schreiben Sie eine Liste mit 15 Stichpunkten, die Sie und Ihre Stärken, Eigenheiten und Macken beschreiben. Und suchen Sie abschließend fünf Begriffe heraus, die Sie typisch finden – und bei denen Sie ein Gefühl von Stärke empfinden und sich trotzdem gut wiedererkennen.

SCHRITT NEUN: WERTE, DIE MIR HELFEN

Sie haben jetzt schon viel geschafft in diesem Coaching. Zum Abschluss gibt es noch eine Übung, mit der Sie Ihre wichtigsten Werte ermitteln und sich mehr als bisher danach richten können. Warum das wichtig ist? Ganz einfach. Wenn wir wissen, was uns wichtig ist, wie wir ticken, wofür wir einstehen, wird es einfacher, zu entscheiden, welche sozialen Situationen für uns bedeutsam sind. Und wir bekommen eine Ahnung, wie wir sie gestalten können. Ein Beispiel: Angenommen, Sie sind unsicher, wie Sie bestimmte soziale Situationen meistern können, die Ihnen eigentlich wichtig sind, zum Beispiel eine Geburtstagsfeier einer Freundin in einer anderen Stadt. Neben den bisher gelernten Techniken rund um Akzeptanz und Selbstfürsorge kann es nun ein guter Halt sein, sich die eigenen Werte vor Augen zu führen. So kann es zum Beispiel sein, dass Sie Gemeinschaft und Verbundenheit wichtig finden und deshalb zu der Party gehen wollen. Oder Sie finden eine gewisse Sicherheit und Beständigkeit wichtig. Oder Freude, Humor und Genuss. Wenn Sie Ihre Werte in den Blick nehmen, können Sie die unsichere Situation mit deren Hilfe gestalten. Ist Ihnen zum Beispiel Verbundenheit wichtig, können Sie überlegen, wie Sie diese zeigen wollen, und fragen vielleicht auch andere Menschen auf der Party, welche Verbindung sie zum Geburtstagskind haben. Wenn Ihnen Beständigkeit wichtig ist, dann drücken Sie diese zum Beispiel dadurch aus, dass Sie früh kommen und noch etwas helfen oder ein Geschenk machen, das die lange und beständige Freundschaft betont.

All das nimmt Ihnen nicht alle Unsicherheit. Wenn Sie beim Tun aber in Ihrem Element und mit Ihren Werten verbunden sind, wird vieles leichter. Werte dienen als Leitstern, der uns motiviert und einen Halt gibt, der unabhängig davon besteht, was andere sagen und tun. Probieren Sie es aus:

Überlegen Sie zunächst, welche Werte in Ihrem Leben und für Ihre Person eine besondere Bedeutung haben. Auf Seite 214 finden Sie einen Kasten mit einigen wichtigen Werten. Dieser ist nicht vollständig, sondern dient nur einer ersten Orientierung. Wenn Sie nach zehn für Sie bedeutsamen Werten suchen, werden Sie vielleicht anfangs das Gefühl haben, dass das viel zu wenige sind, denn es erscheint einem oft vieles bedeutsam. Wenn Sie aber genauer hinschauen, werden Sie merken, dass einige Werte wichtiger sind als andere, dass es einige Werte gibt, die Sie brauchen, um sich wohlzufühlen bzw. die Ihre Art, in der Welt zu stehen, ausmachen. Halten Sie nun zehn Werte fest, die für Sie im Moment wichtig sind, und geben Sie ihnen eine lose Reihenfolge.

1.

2.

3.

4.

5.

6.

7.

8.

9.

10.

Denken Sie nun noch mal an eine Situation, ein Setting, in dem Sie im Moment häufig Unsicherheit oder Angst vor Bewertung spüren. Schreiben Sie dazu noch mal ein Stichwort auf.

Wählen Sie nun zwei oder drei Werte aus, mit denen Sie die Situation – unabhängig von allen Emotionen und Gedanken zum Thema – gern gestalten wollen. Was ist Ihnen wichtig? Was für Werte wollen Sie in die Situation einbringen? Welche Werte helfen Ihnen, in die Situation zu gehen?

Überlegen Sie auch noch, wie Sie das ganz konkret tun wollen, also welche zwei oder drei Dinge Sie tun, sagen, ausdrücken, zeigen und einbringen wollen. Es können kleine Gesten oder Handlungen sein, die den Unterschied machen.

Wichtig: Die Ausrichtung auf Werte ist kraftvoll und gibt Energie. In der Akzeptanz- und Commitment-Therapie (ACT) spielt das Thema eine große Rolle.[118] Doch obwohl Werte so wichtig sind, macht es Sinn, die Sache nicht zu staatstragend anzugehen: Nehmen Sie die Werteliste als Anregung, und bedenken Sie, dass die Liste im Wandel ist – sie muss nicht in Stein gemeißelt sein. Auch die prominenten Vertreter der ACT, zum Beispiel der australische Psychotherapeut Russ Harris, weisen immer wieder darauf hin, dass Werte zwar wichtig sind und uns zum Teil auch durchs Leben begleiten, die leitenden und bedeutsamen Werte können sich aber immer verschieben.

Werte

Die aufgelisteten Werte-Begriffe sind als Inspiration gedacht. Suchen Sie sich die zehn aus, die Sie gerade besonders ansprechen, und wandeln Sie auch die Bezeichnung der Werte so ab, dass es für Sie passt (z. B. kann aus Genuss auch »Essen und Kochen« werden oder aus Leidenschaft »Enthusiasmus« etc.).

Neues sehen + Lernen + Optimismus + Toleranz + Akzeptanz + Loyalität + Freude + Genuss + Leichtigkeit + Verstehen + Besitz + Macht + Sicherheit + Verbundenheit + Akzeptanz + Vertrauen + Luxus + Nachhaltigkeit + Transparenz + Leidenschaft + Gerechtigkeit + Liebe + Glaubwürdigkeit + Leistung + Ordnung + Gesundheit + Spiritualität + Sex + Ruhe + Spontaneität + Kreativität + Harmonie + Entwicklung + Freundlichkeit + Hilfsbereitschaft + Freiheit + Erfolg + Ehrlichkeit + Empathie + Solidarität + Stabilität + Unabhängigkeit + Verlässlichkeit + Humor + Zufriedenheit + Sachlichkeit + Schönheit + Sparsamkeit + Bescheidenheit + Kunst + Sport + Ausdruck + Anerkennung + Wissen.

SCHRITT ZEHN: DIE KRAFT DER UNSICHERHEIT

Jedes Temperament, jede Konstitution, jede Lebensgeschichte bringt andere Fähigkeiten und Erfahrungen mit sich. In diesem letzten Schritt fordere ich Sie auf, noch mal gezielt in diese Richtung zu denken und sich zu überlegen, was die besondere Kraft in Ihrer Neigung zur Unsicherheit ist. Was tragen Sie zu einer Situation bei, weil Sie zweifeln oder besonders feinfühlig sind? Welche besonderen Fähigkeiten haben Sie erworben, weil Sie in sozialen Situationen eher ängstlich sind oder es im Laufe Ihrer Geschichte immer mal wieder waren? Was unterscheidet sie positiv von solchen Menschen, die felsenfest von sich überzeugt sind? Haben Sie vielleicht sogar eine Zauberkraft entdeckt, die in der Unsicherheit steckt? Beantworten Sie die Fragen, soweit es geht, ohne Dinge schönzufärben oder vergangenes Leid zu übergehen.

Was können Sie besonders gut, weil Sie öfter als andere unsicher sind oder waren? Was fällt Ihnen leichter als anderen?

Wo und wie nutzen Sie Ihre unsicheren, störbaren, sensiblen Seiten bereits so, dass sie ein Gewinn für Sie selbst und für andere sind?

Schauen Sie auch noch mal auf Ihren Lebensweg: Gibt es erfreuliche und für Sie wichtige Ereignisse, Begegnungen oder Entscheidungen, die daraus entstanden sind, dass Sie manchmal unsicher und zweiflerisch sind? Was verdanken Sie Ihrer Unsicherheit?

Unsicherheit kann eine Zauberkraft sein: Was ist für Sie heute die Kraft Ihrer Unsicherheit? Wie und wo setzen Sie sie ein?

Versuchen Sie, immer mal wieder ins Auge zu fassen, dass Unsicherheit auch eine Kraft und eine Stärke sein kann. Bewahren Sie sich diesen Schatz und diese Zauberkraft, die Sie immer mit sich tragen – und nutzen Sie sie.

Grenzen erkennen

Wir haben hier schon kurz über die prägenden Erfahrungen reflektiert, die zu Unsicherheit und Selbstzweifeln geführt haben. Je nach Lebensgeschichte können sie sehr variieren. Es gibt verunsichernde Prägungen, die schlicht zum Leben gehören – solche, die nicht günstig, aber zu verarbeiten sind, und solche, die so zerstörerisch waren, dass sie einen wenigstens zum Teil immer wieder einholen. An dieser Stelle sei nochmals darauf hingewiesen, dass einige Menschen, die mit schwer kontrollierbarer sozialer Angst oder Unsicherheit zu kämpfen haben, früher auch seelische oder körperliche Gewalt, Vernachlässigung oder sexuelle Übergriffe erlebt haben. Je massiver diese traumatisierenden Erfahrungen, desto schwerer wird es wahrscheinlich, mit dem Prinzip »Unsicherheit als Zauberkraft« zu arbeiten. Bitte achten Sie auf Ihre eigenen Grenzen. Falls Ihnen diese Übung zu optimistisch erscheint oder Sie diese Sichtweise wütend macht – lassen Sie diese Fragen unbeantwortet. Es kann dann ratsam sein, sich mehr auf die eigenen Werte (Schritt neun) und die eigene Einzigartigkeit (Schritt acht) zu beziehen.

WIE ES WEITERGEHT …

Sie haben jetzt zehn Schritte für einen anderen Umgang mit der eigenen Unsicherheit gemacht. Gut so. Die Frage ist jetzt, wie es gelingen kann, die hier gefundenen Einsichten, Übungen und Sichtweisen auch im Alltag weiter zu nutzen. Wichtig ist dazu, noch einmal zu gucken, an welchen Punkten auf den letzten Seiten der Funke übergesprungen ist und welche Übungen, Tools oder Ideen ein Aha-Erlebnis oder ein leises Gefühl wie »Das könnte vielleicht klappen …« bei Ihnen ausgelöst haben. Bewerten Sie das abschließend für sich. Führen Sie sich die Anregungen, Tipps und Übungen noch mal vor Augen, und entscheiden Sie, welche zwei Impulse für Sie im Augenblick am wichtigsten sind und welche Sie gern noch weiterführen wollen, wenn Sie das Buch längst beiseitegelegt haben. Sie bekommen dazu hier noch mal eine Liste, in der die Essenz aller Impulse und Übungen aufgelistet wird, die Sie im Coaching kennengelernt haben. Suchen Sie aus, was Ihnen gefällt und machbar erscheint:

- Reflektieren, wie ausgeprägt die eigene Unsicherheit und soziale Angst ist, wo sie auftritt, was Sie gern ändern würden.
- Wünsche, Ziele und Bedürfnisse als Ansporn nehmen: Was würden Sie gern wieder machen? Was möchten Sie erleben? Wofür lohnt es sich, Unsicherheit zu erleben?
- Die Unsicherheit mitnehmen, ihr einen Platz anbieten.
- Dialoge mit der Unsicherheit führen und herausfinden, was sie braucht.
- Selbstfürsorge und Freundlichkeit gegenüber ängstlichen Emotionen üben.
- Sich selbst ein:e mitfühlende:r Freund:in sein.
- Kritische Stimmen entkräften durch Distanzierungstechniken.

- Vermeidung aufgeben, konkrete Situationen festlegen, die man aufsuchen wird.
- Ungünstige Katastrophengedanken durch beruhigende, neutrale Gedanken ersetzen.
- Aufmerksamkeit nach außen lenken, auf die soziale Situation oder einen neutralen Reiz.
- Sicherheitsverhalten erkennen und aufgeben.
- Soziale Situationen analysieren, in denen vieles geklappt hat. Neue Strategien finden.
- Die eigenen Stärken für soziale Situationen nutzen.
- Die eigene Einzigartigkeit erkennen und poetisch beschreiben.
- Eigene Werte finden, sich davon leiten lassen, sie nutzen, um unsichere Situationen zu gestalten.
- Die Kraft der Unsicherheit erkennen und aufmerksam einsetzen.
- Immer wieder üben, die Emotionen von Unsicherheit und die Angst vor Bewertung anzunehmen bzw. konstruktiv damit umzugehen.

Haben Sie zwei Übungen, Anregungen gefunden, die Sie weiterverfolgen wollen? Dann kreuzen Sie diese hier an. Wenn Sie möchten, können Sie sich die beiden Punkte auch auf einen Zettel schreiben und an eine zentrale Stelle in Ihrer Wohnung (Schreibtisch, Spiegel, Bücherregal, Vorratsschrank etc.) kleben. Dann erinnern Sie sich daran, auch wenn Sie mit den Gedanken gerade mitten im Alltag sind.

Und noch was: Lesen Sie noch einmal die Bestandsaufnahme in Schritt eins durch. Häufig verändert sich die eigene Sichtweise nach dem Coaching ein bisschen. Vielleicht wollen Sie zu den anfänglichen Antworten noch etwas ergänzen.

Dieses Coaching gibt Ihnen erste Impulse für Veränderung. Es kann sein, dass Sie merken, dass Sie das eine oder andere Thema gern vertiefen wollen. Auf der nächsten Seite sind Empfehlungen zum Weiterlesen und Vertiefen für drei verschiedene Fragestellungen aufgeführt.

Mir ist wichtig zu betonen, dass eine Buchlektüre keine Psychotherapie ersetzt: Falls Sie bei den praktischen Schritten im Coaching den Eindruck gewonnen haben, dass Sie allein mit dem Thema nicht weiterkommen, suchen Sie sich professionelle Hilfe: Auf den folgenden Seiten sind drei erste Kontaktadressen für Psychotherapie und Krisenhilfe angeführt.

ZUM WEITERLESEN

Sie leben mit Schüchternheit, Störbarkeit, fühlen sich leicht beschämt? Sie kritisieren sich selbst stark, erleben sich als perfektionistisch, setzen sich in sozialen Situationen stark unter Druck? Sie vermeiden vermeintlich brenzlige soziale Situationen häufig, sodass Sie sich zwar nicht oft unsicher fühlen, aber auch nicht mehr in die Verlegenheit kommen, es zu sein? Diese drei Ausgangslagen sind recht unterschiedlich, auch wenn es sein kann, dass Sie alle drei Positionen kennen. Schauen Sie selbst noch mal, wo Sie sich gerade am ehesten einordnen. Und suchen Sie dann einen für Sie passenden weiterführenden Literaturtipp heraus.

MEHR ZUM UMGANG MIT ANGST VOR BEWERTUNG, SCHÜCHTERNHEIT, STÖRBARKEIT

Rolf Sellin: Ins Herz getroffen. Selbsthilfe bei seelischen Verletzungen. Kösel, München 2016. *Umgang mit Kränkung, Dünnhäutigkeit und Verletzlichkeit.*

Ulrike Bossmann: People Pleasing. Raus aus der Harmoniefalle und weg mit dem schlechten Gewissen. Beltz, Weinheim 2023. *Die Suche nach Anerkennung und die Schwierigkeit, sich abzugrenzen, sind hier Thema.*

Sylvia Löhken: Leise Menschen – starke Wirkung. Wie Sie Präsenz zeigen und Gehör finden. Gabal, Offenbach 2012. *Introversion ist nicht das Gleiche wie Schüchternheit. Dennoch sind einige schüchterne Menschen auch introvertiert. Das Buch hilft dabei, die Stärke der Stillen genauer zu erkunden.*

MEHR ZUM UMGANG MIT DEM INNEREN KRITIKER, PERFEKTIONISMUS UND ÄUSSEREM DRUCK

Friedemann Schulz von Thun, Wibke Stegemann: Das innere Team in Aktion. Praktische Arbeit mit dem Modell. Rowohlt, Reinbeck 2004. *Es gibt verschiedene innere Anteile – kritische, stärkende, kränkende und freundliche. Dieses Buch zeigt, wie man die Arbeit mit verschiedenen inneren Aspekten konstruktiv weiter üben kann.*

Matthias Wengenroth: Das Leben annehmen. So hilft die Akzeptanz- und Commitment-Therapie (ACT). Hogrefe, Göttingen 2016. *Ein anschauliches Buch über den Umgang mit dem inneren Kritiker und zahlreichen Anregungen für Distanzierungs- und Entschmelzungstechniken.*

Patricia Cammarata: Raus aus der Mental-Load-Falle. Wie gerechte Arbeitsteilung in der Familie gelingt. Beltz, Weinheim 2020. *Viel*

Druck und Anspannung kommt auch von außen. Das Buch zeigt, wie eine gerechtere Verteilung von Sorgearbeit gelingt.

UMGANG MIT SOZIALER ANGST UND VERMEIDUNGSVERHALTEN

Katrin von Consbruch, Ulrich Stangier: Ratgeber Soziale Phobie. Informationen für Betroffene und Angehörige. Hogrefe, Göttingen 2021. *Hier werden konkrete Techniken aus der kognitiven Verhaltenstherapie vorgestellt und Schritt für Schritt gezeigt, wie Vermeidungsverhalten überwunden werden kann. Klinisch fundiert.*

Daniel Voigt: Ängste, Panik, Sorgen. Carl-Auer Verlag, Heidelberg 2022. *Was tun, wenn die Angst sehr stark wird? Wenn körperliche Symptome wie Schwitzen überhandnehmen? Und wie kann man die hilfreichen Aspekte von Angst erkennen? All das schildert dieses empfehlenswerte Buch aus Sicht der Systemischen Therapie.*

Andreas Knuf: Ruhe da oben. Der Weg zu einem gelassenen Geist. Arbor, Freiburg im Breisgau 2022 (erweiterte Neuauflage). *Wenn Gedanken, Grübeleien, Selbstzweifel überhandnehmen, kann dieser achtsame, verständliche Text eine große Hilfe sein.*

ERSTE HILFE UND WEGE ZUR PSYCHOTHERAPIE

Eine Psychotherapie finden? Wenn Sie mit sozialer Angst und Unsicherheit zu tun haben, die mit starkem Vermeidungsverhalten einhergeht, kann eine kognitive Verhaltenstherapie eine Hilfe sein. Manchmal sind Tiefenpsychologie oder Systemische Therapien aber genauso hilfreich. Sprechen Sie das bei der Suche an. Erster Kontakt folgt zum Beispiel über Hausärzt:innen oder ist über diese Plattform möglich: psychotherapiesuche.de

Psychologische Beratung finden? Oft kann eine Beratung ein erster Schritt sein, um sich bei sozialer Angst oder großer Unsicherheit Hilfe zu holen und zu orientieren, wie es weitergehen kann. Informieren kann man sich dazu zum Beispiel bei den Beratungen der Kirchen: https://beratung.diakonie.de/themen, https://www.caritas.de/hilfeundberatung/onlineberatung/onlineberatung

Notfallhilfe finden? In akuten Krisen kann die Telefonseelsorge 24 Stunden angerufen werden. Bitte nutzen Sie das, wenn Sie sich ausweglos fühlen oder in einer Notsituation stecken: telefonseelsorge.de

WEITERLESEN UND WEITERARBEITEN MIT ANNE OTTO

Wenn Sie weiter mit meinen Büchern, Coaching-Angeboten und Online-Kursen arbeiten wollen, habe ich Ihnen hier drei zusammengestellt, mit denen Sie auch am Thema Unsicherheit gut weiterarbeiten können:

Online-Video-Kurs: Das stärkt mich. Wie du echte Selbstfürsorge in dein Leben bringst. Zusammen mit der Plattform »Sinnsucher« und der Zeitschrift »Flow« habe ich einen Video-Selbstlern-Kurs erstellt, mit dem Sie Selbstfürsorge, Freundlichkeit und

Mitgefühl mit sich selbst üben können und die Haltung auch im Alltag umsetzen lernen. https://www.sinnsucher.de/kurs/selbstfuersorge-kurs-das-staerkt-mich

Online-Video-Kurs: Wie Schreiben befreit. Mit Stift und Papier zu mehr Gelassenheit und Lebensfreude. Ein Kurs, in dem Sie spielerisch und schreibend lernen, sich selbst besser kennenzulernen und zu akzeptieren, Grübeleien und Zweifel loszulassen und auf dem Papier neue Ideen zu entwickeln. Auch diesen Kurs finden Sie auf der Plattform »Sinnsucher« und auch er ist eine Kooperation mit der »Flow«. https://www.sinnsucher.de/kurs/wie-schreiben-befreit

Psychologische Beratung und Coaching: Neue persönliche Entwicklungen angehen, auch wenn man unsicher oder schüchtern ist? Berufliche und private Veränderungen meistern? Krisen verarbeiten und daran zum Teil auch wachsen? Die Kraft der Unsicherheit entdecken? In meiner Praxis in Hamburg berate und begleite ich Einzelklienten und Gruppen bei der persönlichen Entwicklung, in der beruflichen Neuorientierung und in Krisenphasen. Es gibt dort auch immer wieder Online- und Präsenz-Gruppen-Angebote, zum Beispiel zur »Kraft der Unsicherheit«. Informationen unter www.anne-otto.de

DANK

Für mich ist dieses Buch ein Treffen, vielleicht sogar eine Party der Unsicheren. Damit so eine Zusammenkunft gelingt, braucht es mehr als Chips, Musik und ein paar bunte Getränke. Es braucht Gäste. Die Stars dieses Buches sind deshalb vor allem die Menschen, die bereit waren, von ihren vermeintlich schwächeren, wackeligen Seiten zu berichten, die zu sich selbst stehen, wie sie sind – und die Kraft der Unsicherheit schon längst entdeckt haben. Mein Dank geht deshalb zuerst an meine Interviewpartner:innen und Klient:innen, die es mir durch ihre Schilderungen, zum Teil auch schmerzhafter Momente, ermöglicht haben, auf eine alltägliche, nahbare Art über Unsicherheit zu berichten. Ihr wisst, wer ihr seid. Danke für euer Vertrauen, eure Offenheit und eure Zeit.

Während der Recherche habe ich außerdem zahlreiche Gespräche und Interviews mit Psycholog:innen, Therapeut:innen und Wissenschaftler:innen geführt, habe telefoniert, zum Tee eingeladen, Sprachnachrichten hin und her geschickt, Lesetipps und Rat bekommen. Es gibt da ein Netzwerk von Expert:innen und Kolleg:innen, das sich über die Jahre immer mehr gefestigt hat und das meine Arbeit an diesem Buch und mein Schreiben über Psychologie generell unschätzbar bereichert. Ich danke an dieser Stelle für ihren fachlichen Input und Rat vor allem Sabrina Altenberend,

Carola Kleinschmidt, Kerstin Erl-Hegel, Deniz Gharsi, Svenja Hofert, Verena Reygers, Andreas Knuf, Jörg Otto, Thorsten Padberg, Christina Magdalenou, Stefanie Richter, Daniel Sichert, Marianne Wellershoff und Hans-Georg Willmann. Auch Gitta Jacob danke ich für ihre Empfehlung und ihre fachlichen Einschätzungen generell. Für ihren herzlich-klugen Support in Bezug auf meine Texte, Titelfindung und die Begleitung durch Sommer und Winter danke ich Simone Buchholz. Außerdem der Reisegruppe Lexow, der Bürogemeinschaft am Spritzenplatz, der Redaktion Psychologie Heute und der Redaktion Leben beim Spiegel.

Und natürlich gilt ein großer Dank dem Team des Beltz-Verlags, vor allem meiner Lektorin Bettina Brinkmann, die in jeder Lebenslage die Ruhe bewahrt und der Lektorin Dorothea Bühler, mit der ich die Idee zum Buch entwickelt habe. Der Programmleiterin Carmen Kölz und meiner Agentin Heike Wilhelm danke ich dafür, dass sie den Raum für neue Thesen und gute Bücher offenhalten.

Last but not least ein Gruß und Dank an meine Familie: an meinen Sohn Luk, der mir zurückmeldet, dass ich ein laues Leben habe und es mir gutgehen lasse: »Sie liegt doch ständig nur auf dem Sofa und schreibt.« Und ich bedanke mich bei meinem Mann Jochen. Er ist ein interessierter und unbestechlicher Erstleser – krizelt wahlweise Fragezeichen, fehlende Kommata oder kleine Zeichnungen an Rand der Texte. So konnte ich eigene Unsicherheiten beim Schreiben auch dieses Mal wieder schnell überwinden.

ANMERKUNGEN

1. Frank Jacobi u.a.: Psychische Störungen in der Allgemeinbevölkerung (2014) doi:10.1007/s00115-013-3961-y, Gelbe Liste. Angststörungen: gelbe-liste.de/krankheiten/angststoerungen#Epidemiologie. Die zwei bis drei Prozent beziehen sich auf die 12-Monats-Prävalenz, also die Anzahl der sozialen Phobien, die im zurückliegenden Jahr diagnostiziert wurden.
2. Horst Dilling u.a.: Internationale Klassifikation psychischer Störungen, ICD-10 Kapitel V(F). Diagnostische Kriterien für Forschung und Praxis. Hogrefe, Göttingen 2015
3. Bernardo J. Carducci: Shyness. doi:10.1016/b978-0-12-397045-9.00222-6
4. Farhan Uddin Raja: Anxiety Level in Students of Public Speaking. (2017) doi:10.22555/joeed.v4i1.1001; Karen K. Dwyer und Marlina M. Davidson: Is public speaking really more feared than death? (2012) doi:10.1080/08824096.2012.667772
5. Psychologie Heute: Angstfreier Leben, Heft 11, Weinheim 2022
6. Zum Beispiel in: Matthias Wengenroth: Das Leben annehmen. So hilft die Akzeptanz- und Commitment-Therapie, Hogrefe, Göttingen 2016
7. Online-Analyse der beliebtesten Superhelden im Netz: vico-research.com/2017/11/online-analyse-das-sind-die-beliebtesten-superhelden-im-netz
8. Name verändert
9. Michaela B. Swee u. a.: Examining the relationship between shame and social anxiety disorder (2021) doi:10.1016/j.cpr.2021.102088
10. Julia Thom u. a. Versorgungsepidemiologie psychischer Störungen. (2019) doi:10.1007/s00103-018-2867-z
11. Robert Koch-Institut: Erkennen – bewerten – handeln. Schwerpunktbericht Teil 1 – Erwachsene, Psychische Gesundheit in Deutschland. (2021) doi:10.25646/8831
12. WHO: COVID-19 pandemic triggers 25% increase in prevalence of anxiety

and depression worldwide: who.int/news/item/02-03-2022-covid-19-pandemic-triggers-25-increase-in-prevalence-of-anxiety-and-depression-worldwide

13. Robert Koch-Institut: Aktuelle Ergebnisse zur Entwicklung der psychischen Gesundheit der erwachsenen Bevölkerung bei hochfrequenter Beobachtung. Quartal 2/2023, rki.de/DE/Content/Gesundheitsmonitoring/Studien/MHS/Quartalsberichte/2023-Q2_MHS-Bericht.pdf?__blob=publicationFile
14. Psychologie Heute: Scham: Das Aschenputtel unter den Gefühlen. Heft 10, Weinheim 2023
15. Psychologie Heute: Akzeptieren, wie es ist. Heft 5, Weinheim 2018
16. Wilhelm Heitmeyer: Autoritäre Versuchungen. Signaturen der Bedrohung 1, Suhrkamp, Berlin 2018
17. Lai Fengxia u. a.: Relationship between Social Media Use and Social Anxiety in College Students (2023) doi:10.3390/ijerph20043657; Rachel B. Russo: #ThisisWhatAnxietyFeelsLike. (2020) https://digitalcommons.usu.edu/etd/7780
18. Shiri Prizant-Passal u. a.: Social anxiety and internet use – A meta-analysis. (2016) doi:10.1016/j.chb.2016.04.003; Emily B.O'Day und Richard G. Heimberg: Social media use, social anxiety, and loneliness: A systematic review (2021) doi:10.1016/j.chbr.2021.100070; Kathryn D. Coduto u. a.: Swiping for trouble (2019) doi:10.1177/0265407519861153
19. Brian A. Primack u. a.: Use of multiple social media platforms and symptoms of depression and anxiety. (2017) doi:10.1016/j.chb.2016.11.013
20. Bernhard Pörksen: Die große Gereiztheit: Wege aus der kollektiven Erregung. Hanser, München 2018
21. Bundesamt für Verfassungsschutz: Mainstreaming und Radikalisierung in den sozialen Medien (2024), verfassungsschutz.de/SharedDocs/publikationen/DE/zaf/2023-02-16-zaf-abschlussbericht.pdf?__blob=publicationFile&v=7
22. Eva Menasse: Alles und nichts sagen: Vom Zustand der Debatte in der Digitalmoderne. Kiwi, Köln 2023
23. Klaus Jonas u. a.: Sozialpsychologie: Eine Einführung. Springer, Berlin/Heidelberg 2014
24. Laura Wiesböck: In besserer Gesellschaft: Der selbstgerechte Blick auf die Anderen. Kremayr & Scheriau, Wien 2018
25. Interview mit Thorsten Padberg geführt im März 2024
26. https://www.tagesschau.de/inland/gesellschaft/statistik-wohnen-einzelhaushalte-100.html
27. Svenja Hofert: Mach dich frei! 100 mentale Modelle für klares Denken und bessere Lösungen. Campus, Frankfurt 2023

28. Deutschlandfunk Kultur: Brennglas für gesellschaftliche Missstände. (2020) deutschlandfunkkultur.de/theorie-in-coronazeiten-brennglas-fuer-gesell schaftliche-100.html
29. UKE: COPSY-Studie, Ergebnisse zu den Befragungszeiträumen, uke.de/kliniken-institute/kliniken/kinder-und-jugendpsychiatrie-psychotherapie-und-psy chosomatik/forschung/arbeitsgruppen/child-public-health/forschung/copsy-studie.html, sechs Befragungen von 2020 bis 2023
30. Goethe-Universität Frankfurt: Corona und die psychischen Folgen (2021), aktuelles.uni-frankfurt.de/gesellschaft/corona-und-die-psychischen-folgen; Deutschlandfunk: Allein bleiben nach Corona, (2023) deutschlandfunk.de/cave-syndrom-corona-hilfsangebote-100.html
31. Hans Böckler Stiftung: Studien zu Homeoffice und mobiler Arbeit, boeckler.de/de/auf-einen-blick-17945-Auf-einen-Blick-Studien-zu-Homeoffice-und-mobiler-Arbeit-28040.htm
32. British Medical Journal: Comparison of mental health symptoms before and during the covid-19 pandemic (2019) doi:https://doi.org/10.1136/bmj-2022-074224
33. Interview per Telefon im Februar 2024
34. Psychologie Heute: Scham: Das Aschenputtel unter den Gefühlen. Heft 10, Weinheim 2023; Maren Lammers: Scham und Schuld: Behandlungsmodule für den Therapiealltag, Schattauer, Stuttgart 2020
35. Ellen Hendriksen: How to Be Yourself. Quiet Your Inner Critic and Rise Above Social Anxiety. St. Martin's Press, New York 2018
36. Pawel Holas u. a.: Self-compassion mediates the relationship between self-esteem and social anxiety symptoms in socially anxious individuals. (2021) doi:10.1192/j.eurpsy.2021.1639
37. Kristin Neff und Christopher Germer: Selbstmitgefühl. Das Übungsbuch. Arbor, Freiburg 2019; Christine Brähler: Selbstmitgefühl entwickeln, Scorpio, München 2015
38. VPP Aktuell: Christine Brähler. Selbstmitgefühl in der Psychotherapie, Heft 41, Juni 2018
39. Zum Beispiel in Matthias Wengenroth: Das Leben annehmen. So hilft die Akzeptanz- und Commitment-Therapie. Hogrefe, Göttingen 2016
40. Name verändert
41. Daniel Voigt: Ängste, Panik, Sorgen. Carl-Auer, Heidelberg 2022
42. Interview mit Psychotherapeutin Stefanie Richter geführt im März 2024 in Hamburg
43. Daniel Voigt: ebenda
44. Erklärung kybernetischer Imperativ, lexikon.stangl.eu/22192/kybernetische-imperativ-ethischer

45. Zum Weiterlesen zum Beispiel: Andreas Ströhle/Jens Plag: Keine Panik vor der Angst!, Kailash, München, 2020, oder Julia Zwick, Martin Hautzinger: Panik und Agoraphobie. Beltz, Weinheim 2017
46. Bundeszentrale für politische Bildung: Martin Bujard und Ralina Panova: Rushhour des Lebens. (2014) bpb.de/themen/familie/familienpolitik/197927/rushhour-des-lebens
47. Russ Harris: Der Weg zu echtem Selbstvertrauen. Arbor, Freiburg 2014
48. Psychologie Heute: Angstfreier Leben, Heft 11, Weinheim 2022
49. Gelbe Liste: Angststörungen: gelbe-liste.de/krankheiten/angststoerungen#Epidemiologie
50. Name verändert. Das Interview fand im Februar 2024 statt
51. Ellen Hendriksen: How to Be Yourself. Quiet your Inner Critic and Rise Above Social Anxiety. St. Martin's Press, New York 2018, S. 13
52. Psychologie Heute: Scham: Das Aschenputtel unter den Gefühlen, ebenda
53. Tupoka Ogette: Und jetzt du. Rassismuskritisch leben. Penguin Verlag, München 2022
54. Zeit Campus: Wir alle haben quasi in rassistischer Sozialisation gebadet. (2022) zeit.de/campus/2022-03/tupoka-ogette-rassismus-ukraine-krieg-fluechtlinge-interview
55. Patricia Cammarata: Musterbruch. Überraschende Lösungen für wirkliche Gleichberechtigung. Beltz, Weinheim 2024
56. Ilan H. Meyer: Prejudice, social stress, and mental health in lesiban, gay and bisexual populations. (2003) doi:10.1037/0033-2909.129.5.674
57. Johanna L. Ramirez und M. Paz Galupo: Multiple minority stress. (2019) doi:10.1080/19359705.2019.1568946
58. Pauline Rose Clance und Suzanne Imes: The imposter phenomenon in high achieving women. (1978) doi:10.1037/h0086006
59. Mirjam Zanchetta u.a: Overcoming the Fear That Haunts Your Success. (2020) doi:10.3389/fpsyg.2020.00405
60. Der Standard: Hochstaplersyndrom. Interview mit Mirjam Zanchetta (2017) https://www.derstandard.de/story/2000070666242/hochstapler-syndromgefuehltes-versagen-bei-realem-erfolg
61. Brigitte Woman: Dietmar Bär und die Lust auf Genuss (2010) brigitte.de/woman/kultur/schauspieler--dietmar-baer-und-die-lust-auf-genuss-10222268.html
62. Harvard Business Manager: Ruchika Tulshyan und Jodi-Ann Burey: Hören Sie auf, Frauen Selbstzweifel einzureden. (2021) manager-magazin.de/hbm/management/impostor-syndrom-hoeren-sie-auf-frauen-selbstzweifel-einzureden-a-e63bea90-459d-41ae-9500-37810a763b5b
63. IMD: Jennifer Jordan: How to contextualize the impostor syndrome and mi-

nimize its impact. IDM, (2021) imd.org/research-knowledge/diversity-and-equity-and-inclusion/articles/contextualizing-the-impostor-syndrome/
64. Interview mit Psychotherapeutin Stefanie Richter fand im März 2024 statt
65. Didier Eribon: Rückkehr nach Reims. Edition Suhrkamp, Berlin 2016, S. 217–218
66. Bart Verkuli: Workplace Bullying and Mental Health. doi:10.1371/journal.pone.0135225; Maria Portillo: Peer Victimization and Onset of Social Anxiety Disorder in Children and Adolescents. doi:10.3390/brainsci9060132; Emma Wroe: An understanding of adult social anxiety disorder in relation to experiences of unresolved childhood bullying. doi:10.13140/RG.2.2.20291.32809
67. Interview mit Malte Liesenfeld, der in Wirklichkeit anders heißt, im Dezember 2023 am Telefon
68. Interview mit der hier Pressereferentin genannten Person im Januar 2024, in Hamburg
69. Pschyrembel: Erythrophobie: pschyrembel.de/Erythrophobie/K078G
70. Name verändert
71. Der Spiegel: Was gegen Erröten hilft. (2018) spiegel.de/spiegel/peinliche-angst-vor-dem-erroeten-was-gegen-erythrophobie-hilft-a-1125544.html
72. Katrin von Consbruch, Ulrich Stangier: Ratgeber soziale Phobie. Informationen für Betroffene und Angehörige. Hogrefe, Göttingen 2021
73. Martina Fischer-Klepsch: Soziale Phobie – Die heimliche Angst: Selbsthilfeprogramm mit Übungen aus der Praxis, Junfermann, Paderborn 2021, S. 41
74. Katrin von Consbruch, Ulrich Stangier: Ratgeber soziale Phobie, ebenda
75. Daniel Voigt: Ängste, Panik, Sorgen. ebenda; Lydia Hantke, Hans-Joachim Görges, Handbuch Traumakompetenz. Basiswissen für Therapie, Beratung und Pädagogik, Junfermann, Paderborn 2023
76. In Daniel Voigt: Ängste, Panik, Sorgen. ebenda.
77. Jochen Schweitzer u. a.: Soziale Ängste, Carl-Auer, Heidelberg 2023, S. 16
78. Maren Lammers: Scham und Schuld – Behandlungsmodule für den Therapiealltag. Schattauer, Stuttgart 2020
79. Stefan Marks: Scham – die tabuisierte Emotion. Patmos, Ostfildern 2011
80. Psychologie Heute, Scham: Das Aschenputtel unter den Gefühlen. Heft 10, Weinheim 2023
81. Süddeutsche Zeitung: Verletzlichkeit ist der Schlüssel zu allem. Interview mit Brené Brown (2018) sz-magazin.sueddeutsche.de/wissen/verletzlichkeit-ist-der-schluessel-zu-allem-86367
82. Katrin von Consbruch, Ulrich Stangier: Ratgeber soziale Phobie. ebenda.
83. Daniel Voigt, ebenda S. 94
84. Zum Beispiel in Steven C. Hayes: Kurswechsel im Kopf: Von der Kunst anzunehmen, was ist, und innerlich frei zu werden. Beltz, Weinheim 2020

85. Psychologie Heute: Akzeptieren, wie es ist. Heft 5, Weinheim 2018
86. Ebenda; Jonathan Rottenberg u. a.: Is crying beneficial? doi:10.1111/j.1467-8721.2008.00614.x
87. Verschiedene Hintergrundgespräche, Thorsten Padberg, Andreas Knuf
88. NeuroDepesche. Psychiatrische Komorbidität bei Alkoholkonsumstörung (AUD) und anderen Süchten. 10/2019, neuro-depesche.de/nachrichten/psychiatrische-komorbidit-t-bei-alkoholkonsumst-rung-aud-und-anderen-s-chten/
89. Verschiedene Studien, Beispiele: Dan W. Grupe und Jack B. Nitschke: Uncertainty and anticipation in anxiety: an integrated neurobiological and psychological perspective. (2013) doi:10.1038/nrn3524; Tanja M. Brückl und Elisabeth B. Binder: Folgen früher Traumatisierungen aus neurobiologischer Sicht. Forensische Psychiatrie, Psychologie, Kriminologie, Ausgabe 2, Springer Nature, Berlin 2017; David F. Tolin u. a.: Psychophysiological assessment of stress reactivity and recovery in anxiety disorders (2021) doi:10.1016/j.janxdis.2021.102426
90. Jürgen Hoyer und Samia Härtling: Soziale Angst verstehen und verändern. Springer, Berlin 2016; Spiegel: Was gegen Erröten hilft: spiegel.de/spiegel/peinliche-angst-vor-dem-erroeten-was-gegen-erythrophobie-hilft-a-1125544.html
91. Zitat fälschlicherweise Charles Bukowski zugeschrieben, eigentlich vom britischen Philosophen Bertrand Russell, https://falschzitate.blogspot.com/2020/08/das-problem-dieser-welt-ist-dass-die.html
92. Interview im März 2024, Name verändert
93. Ellen Hendriksen: How to be yourself. S. 18
94. Psychologie Heute: Die Stärke der Stillen, Heft 2, Weinheim 2018
95. Susan Cain: Still: Die Bedeutung von Introvertierten in einer lauten Welt. Riemann, München 2011, S. 15
96. Silvia Löhken: Leise Menschen – starke Wirkung. Wie Sie Präsenz zeigen und Gehör finden. Piper, München 2015
97. Süddeutsche Zeitung: Im Zentrum der Angst (2010): sueddeutsche.de/wissen/hirnforschung-im-zentrum-der-angst-1.913563
98. Ran Guanming u. a.: Behavioral inhibition system and self-esteem as mediators between shyness and social anxiety (2018) doi:10.1016/j.psychres.2018.10.017; Süddeutsche Zeitung: Zu schüchtern für die Schule (2014) sueddeutsche.de/bildung/soziale-unsicherheit-bei-kindern-zu-schuechtern-fuer-die-schule-1.1933288
99. Ella F. Cole und John L. Quinn: Shy birds play it safe (2014) doi:10.1098/rsbl.2014.0178; Jörg Blech: Die Psychofalle. Wie die Seelenindustrie uns zu Patienten macht. S. Fischer, Frankfurt 2014

100. Ellen Hendriksen, ebenda
101. Hans-Georg Willmann: Mach's mal anders! Wie dein Leben leichter wird, wenn du dich auf das fokussierst, was wirklich zählt. Mvg, München 2023
102. Statista: Die häufigsten Ängste der Menschen. (2013) de.statista.com/statistik/daten/studie/258499/umfrage/die-haeufigsten-aengste-der-menschen/; Karen K. Dwyer, Marlina M. Davidson. Is public speaking really more feared than death? (2012) doi:10.1080/08824096.2012.667772; Ana Gallego u. a.: Measuring Public Speaking Anxiety: Self-report, behavioral, and physiological (2021) doi:10.1177/0145445521994308
103. Interview geführt im März 2024 per Telefon, Name verändert
104. Matthias Messmer: Redeangst: Von schlotternden Knien zum mitreißenden Auftritt, matthias-messer.de/blog/redeangst-von-schlotternden-knien-zum-mitreissenden-auftritt
105. James Hillman: Inter Views: Conversations with Laura Pozzo on Psychotherapy, Biography, Love, Soul, Dreams, Work, Imagination, and the State of the Culture, Spring Publications 1991, springpublications.com
106. Frauen aufs Podium: 50 Prozent Frauen in die Politik: frauenaufspodium.org, Beispiel für eine Initiative, die sich dafür stark macht, dass Frauen häufiger auf Bühnen sprechen bzw. in der Politik sichtbar sind
107. Alison Wood Brooks: Get excited: Reappraising pre-performance anxiety as excitement. (2013) doi:10.1037/a0035325
108. Interview am Telefon geführt im März 2024, Name verändert
109. Heise: Wenn Angst die Karriere blockiert, Interview mit Madeleine Leitner (2013): heise.de/resale/artikel/Wenn-Angst-die-Karriere-blockiert-1892006.html
110. Die Übung, sich selbst zu motivieren, indem man sich Ziele und Wünsche vorstellt, stammt unter anderem aus der Verhaltenstherapie. Der Psychotherapeut Thorsten Padberg hat sie mir für dieses Coaching nahegelegt.
111. Zitiert nach Daniel Voigt: Ängste, Panik, Sorgen, S. 94.
112. Brené Brown: Verletzlichkeit macht stark: Wie wir unsere Schutzmechanismen aufgeben und innerlich reich werden. Kailash, München 2013
113. Christine Brähler: Selbstmitgefühl entwickeln: Liebevoller werden mit sich selbst, Scorpio, München 2015
114. Matthias Wengenroth: Das Leben annehmen. So hilft die Akzeptanz- und Commitment-Therapie (ACT), Hogrefe, Göttingen 2016
115. Matthias Wengenroth, ebenda. Eine ausführliche Einführung in Defusionstechniken
116. Ein Coaching zum Thema Ängste und Panik mit Thorsten Padberg finden Sie zum Beispiel in dem Buch: Marianne Wellershoff (Hg.): Ich überwinde meine Angst: Mit Ängsten umgehen, Resilienz stärken, mutig handeln. Drei Selbst-

tests und Trainingsprogramme für ein positives Mindset. (Mein Coaching-Reihe, Band 7), Spiegel Buchverlag/Penguin Verlag, München 2023

117. Mehr kreative Schreibübungen gibt es zum Beispiel hier: Julia Cameron: Von der Kunst des Schreibens und der spielerischen Freude, Worte fließen zu lassen, Droemer Knaur, München 2003
118. Russ Harris: Der Weg zum echten Selbstvertrauen. Von der Angst zur Freiheit. Arbor, Freiburg 2014

Wo geht´s hier zurück zu mir selbst?

Verena Carl probiert in 12 Monaten 12 verschiedene Methoden aus, um wieder bei sich selbst anzukommen. Ob mehr Akzeptanz für die eigenen Schwächen, Ärgerfasten oder Slow Art – auf ihrer Reise zu sich selbst testet sie altbekannte und brandneue Methoden auf anhaltende Wirkung und Alltagstauglichkeit. Die Psychologin Anne Otto begleitet sie bei ihrem Experiment, liefert aktuelle Informationen aus der Wissenschaft und gibt den Leser:innen zahlreiche begleitende Übungen, Reflexionen und Alternativen an die Hand.

»Mit viel Humor und Charme begeben sich die beiden Autorinnen auf die Suche nach dem, was uns allen im hektischen Alltag fehlt: mehr innere Ruhe und ein Gefühl für die eigenen Bedürfnisse. Absolut lesenswert!«
Stefanie Stahl, Psychotherapeutin und Bestsellerautorin

Verena Carl, Anne Otto
Ich bin dann mal bei mir
12 Auszeiten für die Seele.
Ein Selbstversuch
Klappenbroschur, 259 Seiten
ISBN 978-3-407-86663-9

www.beltz.de **BELTZ**

Entdecke, wer du sein kannst

Fast alle Frauen haben Denk- und Verhaltensmuster verinnerlicht, die ihnen schaden. Bedingt durch Erziehung und gesellschaftliche Normen meinen sie oft, die Erwartungen anderer erfüllen zu müssen: Besonders höflich sein. Sich kümmern. Schön sein. Selbst erfolgreiche Frauen betrachten ihr Können und ihren Körper zu oft durch die Defizitbrille. Zeit, das zu ändern: Die Psychologin und Psychotherapeutin Ulrike Juchmann hilft Frauen mit diesem Buch, den Blick auf ihre Kompetenzen, Fähigkeiten und Potenziale zu richten.

»Ein Buch voller frischer Impulse für Frauen, die freier durch ihr Leben gehen wollen. Psychologisch fundiert zeigt Ulrike Juchmann, wie das achtsam und selbstbestimmt gelingt, um genau die zu sein, die wir wirklich sind und sein wollen.« Ulrike Scheuermann, Diplom-Psychologin und Bestseller-Autorin

Ulrike Juchmann
Sei du selbst, alle anderen gibt es schon
Wie Frauen Erwartungen abstreifen und befreiter leben
Illustrationen von Constanze Guhr
Klappenbroschur, 285 Seiten
ISBN 978-3-407-86680-6

www.beltz.de **BELTZ**

Zu viel Psychologisieren hat noch jedem geschadet

Es ist gut und wichtig, dass wir unsere Verhaltensmuster, Verletzungen und schwierigen Gefühle kennen, um uns selbst besser zu verstehen. Zu viel Selbstbeschau kann uns aber daran hindern, Verantwortung für das eigene Handeln zu übernehmen. In ihrem neuen Buch benennt die Psychotherapeutin Gitta Jacob die Gefahren, die im permanenten Kreisen um uns selbst lauern – und sie zeigt, dass wir gar nicht so viel tun müssen, um resilient und selbstbestimmt zu leben.

»Irgendwann ist auch genug analysiert! Dieses Buch gibt den inneren Kindern einen Schubs und macht ihnen Mut, das Leben zu wagen. Ein wichtiges Buch in einer Zeit, in der das Alltagspsychologisieren soweit ins Uferlose abdriften kann, dass man seine Fahrtrichtung aus den Augen verliert.«
Felizitas Ambauen, Psych. Psychotherapeutin, Autorin und Podcasterin

Gitta Jacob
Leben geht nur vorwärts
Wann es Zeit ist, das innere Kind in Ruhe zu lassen und durchzustarten
Klappenbroschur, 208 Seiten
ISBN 978-3-407-86795-7

www.beltz.de BELTZ